Physical store

实体店

卖什么都不如卖体验

黄会超 ◎ 著

图书在版编目（CIP）数据

实体店：卖什么都不如卖体验 / 黄会超著. -- 北京：北京联合出版公司, 2017.10（2020.1重印）
ISBN 978-7-5596-0761-4

Ⅰ.①实… Ⅱ.①黄… Ⅲ.①市场营销学 Ⅳ.①F713.50

中国版本图书馆CIP数据核字(2017)第179831号

实体店：卖什么都不如卖体验

作　　者：黄会超
选题策划：北京时代光华图书有限公司
责任编辑：李艳芬　徐秀琴
特约编辑：任智华
封面设计：可圈可点

北京联合出版公司出版
（北京市西城区德外大街83号楼9层　100088）
北京时代光华图书有限公司发行
北京雁林吉兆印刷有限公司印刷　新华书店经销
字数151千字　880毫米×1230毫米　1/32　9.75印张
2017年10月第1版　2020年1月第4次印刷
ISBN 978-7-5596-0761-4
定价：49.00元

版权所有，侵权必究
未经许可，不得以任何方式复制或抄袭本书部分或全部内容
本书若有质量问题，请与本公司图书销售中心联系调换。电话：(010) 82894445

目 录
contents

前 言 /VII

第1章 体验至上
——不可替代的实体店 /001

体验经济时代的新零售思维 /003
"先天不足"的电商 /007
不可替代的实体店 /012
实体店的体验制胜与体验营销 /015
实体店提升顾客体验的营销法则 /022

第2章 产品为王
——好产品是体验营销成功的前提 /031

打磨产品:实体店的"工匠精神" /033
产品存在的底线是顾客痛点 /043

基于顾客痛点，精进产品/服务，优化体验 /047
爆款思维：爆品一定是明星单品 /051
个性化产品/服务更受顾客欢迎 /054
做减法：为产品/服务瘦身 /058

第3章 场景营销
——打造极致体验的基础 /063

场景营销：打造极致体验的基础 /065
搭建让顾客一见钟情的场景 /069
小而美店铺：小的是细分，美的是体验 /072
用跨界混搭满足挑剔的顾客 /077
异业联盟：构建体验营销场景联盟 /081
打造让顾客流连忘返的"诱因" /086
去中心化时代，将场景营销做到极致 /092

第4章 服务精进
——让顾客"更近一步" /097

顾客表情指数与顾客满意度 /099
挑剔顾客的真实诉求 /102
消费者主权时代，决定顾客去留的是什么 /105
从"产品思维"到"顾客思维"的转变 /110
提供有温度的服务 /115

第 5 章 超出预期
——提升顾客满意度的激励式体验 /121

- 发现顾客潜在需求,提供超预期体验 /123
- 为顾客解决问题,让顾客受益 /127
- 让顾客乐于等待 /130
- 借助口碑传播提升顾客体验 /135
- 满足顾客不断变化的新需求 /141

第 6 章 信任背书
——少些套路,多些真诚 /145

- 少些套路,多些真诚 /147
- 给顾客足够的"安全感" /150
- 店员是连接顾客和店铺的关键纽带 /155
- 实体店的"善待链条" /162
- 完美售后服务,超出顾客期望 /167
- 妥善处理顾客投诉 /170

第 7 章 情感渗透
——体验营销的最高境界 /175

- 体验营销的最高境界是情感渗透 /177
- 感性的故事,比理性的说服更有效 /180

消除顾客对企业的负面情感 /184

唤醒顾客的潜在情感需求 /187

第8章 社交渗透
——粉丝经济与会员营销 /191

借助社会化营销，重塑商圈 /193

实体店的自媒体营销 /197

搞活粉丝经济，实现商业增值 /204

实体店社群营销怎么玩 /208

实体店的撒手锏——会员制 /214

第9章 模式融合
——全体验化的O2O模式 /219

实体店+O2O，线下生存新法则 /221

实现线上线下的有机融合 /226

提供全渠道的统一体验 /230

同款同价的O2O模式 /234

O2O的流量共享模式 /237

第10章 智能店铺
——积极拥抱互联网 /241

实体店的互联网思维 /243

智能化零售：重新打造"数字化实体" /246

物联网＋实体商业，提升顾客体验 /250

利用"黑科技"增强店铺体验感 /255

重塑店员行为 /259

第11章 优化运营
——实施精细化管理 /267

一流的体验是表象，高效运营才是灵魂 /269

制度化管理：没有规矩，不成方圆 /273

实施精细化管理 /278

走精益化零售之路 /281

掌控产业链话语权 /285

店铺租赁关系管理 /291

前言
preface

移动互联网时代,实体商业面临的内外部市场环境正在发生深刻变革——

首先,电商崛起,实体商业遭遇寒冬。

在网络经济时代,市场环境最明显的变化表现在:电商崛起,网络零售规模占社会消费品零售总额比例逐年攀升,实体商业遭遇寒冬,生存空间被蚕食。

而随着智能手机的普及和移动互联网的高歌猛进,网购又开始由PC端向移动端高速转移,移动端网购交易规模逐年攀升,已经占据网购规模的半壁江山。

其次,消费主权时代与去碎片化的消费模式。

在以往信息不对称时代,商家利用信息优势,无情蛮横地"绑架"了消费者的需求。

在如今的信息透明化时代,消费者拥有充分的知情能力和自主选择权，也变得更聪明、更挑剔。他们不仅能够破解信息不对称，随意搜寻自己感兴趣的消费信息，而且还能自己制造信息，予以传播。消费市场的主导权已经从生产商、零售商、服务商转移到了消费者手中，他们强调的是"我的消费我做主"。

当下的消费者已经不再局限于在每周、每月的固定时间里，在固定的购物场所进行消费；而是转变为随心所欲的全天候、多渠道的消费，消费者可以在任何时间、任何地点，通过任何方式购买他们喜欢的商品。

现如今，消费者可选择的消费渠道日益增加，刚性的消费需求越来越少，越来越多的消费是"凭任性""看心情"。线下实体商业竞争的本质就演变成了顾客争夺战，是客流经营能力的比拼。谁的店更好玩、更有趣，谁的商品、服务更新奇、更有特色，谁的活动参与性更强、体验更优，谁就能更多、更长时间地吸引顾客，也就有更多的胜出机会。

与电商相比，实体店最大的优势在于体验，顾客对实体店的最终认知不是靠"品牌"，而是靠"体验"。

实体店在空间情景、人员服务、商品展示等体验要素方面优势突出，关键是如何通过这些优势来提升顾客的消费体验。做到这一点，才能将消费者从线上、从竞争对手手中拉回来。

在网络化营销冲击下,实体商业将会面临进一步洗牌,用心经营、顾客体验良好的实体店会屹立不倒,不研究顾客需求、顾客体验不佳的实体店则可能消亡。实体商业必须通过经营空间和聚合受众,来实现从"产品(服务)销售平台"到"体验传播平台"的转变。

在传统店铺中,产品(服务)和体验可能是"八二开",今天的实体店如果再这样定位,基本就是"作死"的节奏。在互联网时代,实体店本身就是入口,门店要转型为所在区域和所在商圈的枢纽、社交集散地、体验中心,聚焦优势,打好体验牌,搞好体验营销。

消费者的感觉和感受是电商无法改变的,无论虚拟现实技术如何演进,虚拟终归是虚拟,永远替代不了现实。

目前,实体店远高于电商的成交转化率和电商巨头纷纷转战线下开设各种体验店,无不源于此。

这种背景下,基于体验经济的体验营销,是实体店在电商时代重塑竞争优势的秘密武器。

顾客体验包括实体店经营、服务的所有环节,涵盖经营、管理、后勤服务等所有人员,涉及线上、线下等所有终端。它是一个综合的、立体的、全维度的感受与评价，顾客体验的优劣，取决于其中的"短板"而非"长板"。

实体店顾客体验的提升并非朝夕之功，它是一项系统工程，需要经营者将其上升到经营战略的层面来对待，将互联网本质和线下的效率及服务相结合，和顾客一起拥抱超体验时代。

第 1 章　体验至上

——不可替代的实体店

实体店是体验经济的最佳载体,未来,卖什么都是卖体验!

体验经济时代的新零售思维

早在1999年,美国经济学家约瑟夫·派恩和詹姆斯·吉尔摩就出版了《体验经济》一书,提出人们正迈向体验经济时代。作者认为:"企业以服务为舞台,以商品为道具,以顾客为中心,创造能够使顾客参与、值得顾客回忆的活动。在顾客参与的过程中,记忆长久地留住了对过程的体验。如果体验美好、非我莫属、不可复制、不可转让,顾客就愿意为体验付费。"

实体店是体验经济的最佳载体,未来,卖什么都是卖体验!

体验经济时代顾客的购物行为正在发生深刻的变化,他们更关注购物体验。在这一变化影响下,线下零售市场正在快速进入"全体验"消费模式。

在这种消费模式下,顾客关注的对象发生了很大的变化,他们不仅关注店铺的空间、环境等硬件设施,更看重消费过程中的参与和感受，更注重过程中体验的因素、服务的因素和主观的因素。他们关注的核心价值点，已经从产品和服务本身过渡到了享受产品、服务的过程。这也正是为什么人们更愿意付出高价去星巴克喝一杯咖啡，而不是在家喝速溶咖啡，其诉求正是为了享受消费的过程和体验。

这种模式较以往的消费模式发生了很多变化，顾客从内心到行动上都有所改变，值得我们去研究。

从体验消费的需求角度看，顾客更挑剔、更加注重情感化

顾客开始倾听内心的声音，遵循自己的真实想法，这就要求商家提供的产品、服务能够同顾客建立感情连接，形成心理上的共鸣。

同以往相比，顾客变得更加务实、更加挑剔。在他们喜欢的产品和服务上，他们不惜代价，愿意付出高价；而在那些不太重要、对他们来说不痛不痒的产品消费门类上，他们一分钱也不愿意花。

从体验消费的内容上看，消费更加个性化

在《体验经济》一书中，作者将产品或服务趋同的现象称为"商品化"，"商品化"意味着标准化的产品和服务抹杀了个性，无法给顾客提供独特性的感受。当今，大众化的标准产品或服务已经日渐失势，顾客对个性化产品和服务的需求越来越强烈。

非主流、个性化、独一无二最初是温饱满足后的有钱、有闲阶层的一种消费习惯，但如今，这种个性化的消费面在逐渐扩大。

个性化消费，既是经济现象，也是一种文化现象。"我很少去商场买衣服，因为我无法容忍'撞衫'和个性复制的尴尬。"时装设计师谭小波说。他开了一家个性时装设计店，很受顾客欢迎。"在我这里定制一套服装价格不菲，从设计到制作费用，一定是比商场贵的，而常来光顾的顾客却成了我的忠诚的'粉丝'，他们更强调服饰的文化韵味和个性的积累。"[1]

美国未来学家阿尔文·托夫勒在《第三次浪潮》一书中提到："不会再有大规模生产，不会再有大众消费，不会再有大众娱乐，取而代之的将是具体到每个

---

[1] 雷路展.个性消费主宰时尚生活.河南日报.2011年6月22日.

人的个性化生产、创造和消费。"

个性化的小众正在苏醒,他们不经意的消费转向,足以改变实体店经营者的商业思维。

从体验消费的价值看,顾客更注重过程与互动

越来越多的迹象表明,顾客开始在意自己的消费过程,以及消费过程中的互动,比如亲自体验、参与一些商家的营销环节等。

在体验式消费已深入人心的当下,重服务才是王道。

海底捞总裁张勇对服务的理解很深刻,他说:"我不会熬汤,不会炒料,连毛肚是什么都不知道。店址选得也不好,想要生存只有态度好!客人要什么,快一点;客人有什么不满意,多赔点笑脸。刚开店的时候,不知道窍门,经常做错。为了让人家满意,送的比卖的还多。结果客人虽说我的东西不好吃,却又愿意来。"

从大量的服务实战中,张勇还悟出了一条准则——

如果客人觉得吃得开心,就会夸你的味道好;如果觉得你冷淡,就会说难吃。服务会影响顾客的味觉!

顾客去各种实体店消费，左右他们心情和满意度的因素有很多，实体店要从主客观多方面入手。

"先天不足"的电商

电子商务转化率是衡量电商运营效率的一个重要指标，它是千万线上商家最关注的，也是其朝思暮想渴望提升的一个数据。

转化率指的是实际成功下单的顾客在线上总体访问流量中所占的比例。

电子商务转化率 = 交易次数 / 访问数

目前，国内电商的一个共同痛点是转化率普遍偏低，平均在2%~3%。这意味着网站每迎来100位访客，最终才能有2~3位下单顾客（交易达成）。少数电商的转化率能远远超过或低于这个平均值。

很多电商一开始在网站没有排名、没有流量的时候，主要致力于通过做排名来引流量，等网站排名有了，流量也有了，却发现转化率跟不上，最终的转化结果不理想，无论如何运作，转化率也难有实质性提升。

事实上，电商访客的购买决策受到诸多因素的影响，比如，电商的网站设计、商品展示、单品价格、活动焦点、客户服务、导航清晰度、操作便利度等，其中任何一个环节做得不好，可能就会招致访客不满，愤而离去。

以上环节，就像一个漏斗（见图1.1），将大量用户筛了出去，电商最终得到的是两个数据：高弹出率和低转化率。

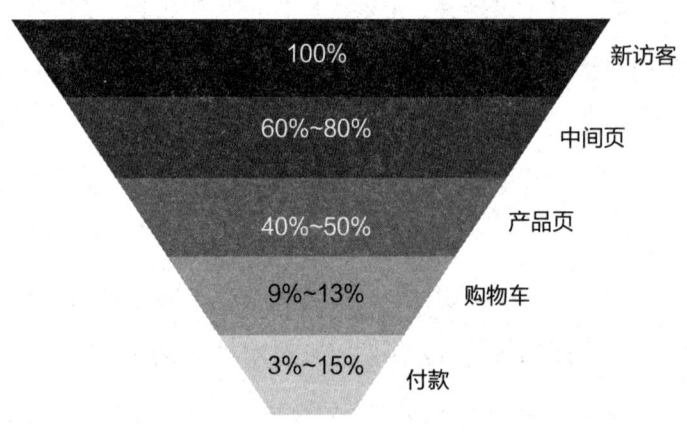

图1.1 网购转化"漏斗"

总结来说，顾客最终放弃在电商网站下单的根本原因有三个：

第一，价格因素。

第二，安全担忧。

第三，网站体验。

针对低转化率，各大电商使出了浑身解数，成效也不太明显，根本原因在于，相较于实体店购物，网购在用户体验上有着天然的劣势——存在用户体验的真空地带。

为了填补用户体验上的空白，一些线上商家开始布局线下体验店。

比如，女装电商品牌"茵曼"。2011年，"茵曼"曾夺得"双11"天猫女装销售冠军。这一年，颇有先见之明的"茵曼"创始人方建华，就已开始尝试在部分北方二三线城市布局开设实体店，但当时并没有成功。2015年，"茵曼"宣布重新开始布局线下体验店。《第一财经日报》曾报道过"茵曼"为何在此时重新增加线下战场：

一方面，实体体验店解决了顾客网络购物的痛点，"电商的客户体验做得再好，也会有15%左右的退货率，不是质量问题,而是尺码不合适、颜色有差异,或者身材差异视觉效果差异等"。

另一方面,高速发展后的淘品牌增速逐渐平稳,与此同时,淘宝、天猫等平台的营销费用却与日俱增,优衣库、波司登、欧时力及ONLY等传统品牌先后入驻天猫,线上服装品牌的数量与品类也不断增加,导致单品牌的流量会被更多的品牌分散掉。

更重要的是,体验式营销能更好地"圈"到客户,以茵曼+上海的体验店为例,其试穿成交达到65%的转化率,而在网上即便是"双11"期间,也仅有6%的转化率。"倘若线上线下二者能更好地有机结合,能极大提升客户转化率,而现在线下体验店还有很多可以改善的地方,比如陈列位置、购物动线、灯光效果等。"方建华说。

尚品宅配是一家强调依托高科技创新性迅速发展的家具企业,起初,其产品销售主要依托新居网等电子商务平台,从2010年开始,为了填补线上购物在用户体验上的不足,尚品宅配大举进军线下,在全国各地大量开设体验店。目前,尚品宅配在广州、上海、北京、南京、武汉等地共拥有近40家直营店,在全国拥有1000多家实体加盟店。2017年3月7日，尚品宅配成功在深圳证券交易所挂牌上市，股价连续多日涨停，迅速成为国内家居行业中首只股价破百的绩优股。

尚品宅配董事长李连柱在《尚品宅配凭什么》一书中写道："互联网的消费交易过程并没有体现出消费的体验，带给顾客情感的体验感是实体店所具有的先天特性，这是互联网零售取代不了的。"

"逛街是一种生活方式、精神消费，不是落伍的休闲。"上海市顾客保护委员会副秘书长唐健盛说。

相对于部分喜欢"宅"在家里进行网上购物的顾客，更多的人喜欢到商场、实体店，边逛边买。线下商业能满足顾客集购物、娱乐、休闲、饮食、出游于一体的社会性需求，满足顾客拥有商品的即时性需求，便于顾客进行面对面选购，大大提升购物体验。

这是电商所不具备的体验空白，是电商在购物体验上的先天不足。

除此之外，各大电商出于自我利益的考虑，纷纷设置了一些人为的购物障碍，也大大降低了顾客的购物体验。

不可替代的实体店

随着电商的崛起,线下实体商业的生存空间和市场份额被不断挤压,且与各大电商纷纷进军线下不同,自2013年起,实体店接连出现"关店潮",实体零售的寒冬似乎已经降临。传统实体店经营者对来势迅猛的电商充满了畏惧,对行业前景无限悲观。

然而,理性分析之后,我们会发现,让实体店畏之如虎的"关店潮"其实是一个伪命题,在"关店潮"的背后,有这样几个容易被人忽略的事实——

第一,和"关店潮"同时并存的还有一股"开店潮"的暗流,它的趋势丝毫不亚于"关店潮"。即便是在受电商冲击最为严重的服装、图书零售行业,也有诸如海澜之家、优衣库、无印良品及一些个性化跨界书店等大举开店扩张。

第二,"关店潮"波及的实体店,多是源于内因,是企业和商家或转型不及时,或经营不善所导致,甚至有些企业的大规模关闭店铺,本身就是企业的一种策略性调整,乃转型升级的需要。换句话说,"关店潮"淘汰的是落后的产能,是经营不善的商家。

第三,线上线下已经实现了高度融合。以京东、当当、亚马逊等为代表的传统电商,纷纷进军自己的对立面,选择在线下开设实体体验店;而很多传统的实体店更是早已将店铺从线下搬到线上。在可以预见的将来,线上电商和线下实体店的界限将进一步模糊,当然也就不存在谁颠覆谁、谁取代谁的问题。

第四,电商高速增长的势头已经开始放缓,互联网的高速发展给电商带来的红利即将耗尽。而传统实体商业由于其庞大的基数,在未来社会零售总额中仍会居于主体地位。

基于这些事实,我认为,实体店不会消亡,电商也无法完全颠覆实体店。相对于电商,实体店在用户体验上有着难以替代的先天优势,它是体验经济的最佳载体。

顾客的感受,是电商无法改变的,无论虚拟现实技术如何演进,虚拟终归是虚拟,永远替代不了现实。这也正是为什么电商将自己的网页设计得再人性化、买家秀做得再漂亮,也不及实体店对商品的展示更加具有说服力。在实体店中,顾客和商品可以零距离地接触,这种触感是真实的、可见的、可信的。

沃顿商学院市场营销学教授芭芭拉·卡恩说:"在

购买过程中能'触摸和感受'一下商品，而且能得到销售员的帮助，这两点对于许多商品类型而言都相当重要。"

譬如，顾客喜欢在店里试穿衣服或试戴项链，或者亲自掂量一下，看商品是否足量，然后再确定是否购买。这个过程，最好是有店员来做解释说明。

"对于这些类型的商品，线下体验将会继续非常具有价值，"卡恩说，"大量的证据证明实体店并没有要消失。"[1]

早期，电商因其价格优势吸引了很多顾客，而且由于不能"眼见为实"，顾客都会先去实体店体验产品，再在网站上下单，使得实体店一度沦为电商的"展厅"，顾客成了"线下选、线上买"，只看不买的"打样"族。这种现象也被称为"展厅现象"。

如今，电商的繁荣也培养了顾客。面对电商各种营销噱头、各种换汤不换药的促销方式及层出不穷的网购陷阱，顾客对网购的态度也日趋理性，消费市场因之出现"反展厅现象"，即顾客在网上搜索对比产品后，最终前往实体店购买。

---

1 证据表明实体店并没有要消失，真实触感很重要.沃顿知识在线.2015年3月31日.

来自全球知名市场研究机构 eMarketer 的数据显示，美国近八成顾客更喜欢在实体店购物。如今，"80后""90后"已成为主流消费群体，以往他们比较青睐电商的性价比，现在他们更注重产品及服务的特色化、个性化和线下购物的体验感。

这就是体验经济的魔力，而体验，恰恰是电商的硬伤。体验经济，也是倒逼电商转战线下的根源。

正是相对于电商的体验优势，不论媒体上写的"关店潮"多么夸张，实体店仍是中国消费渠道的主流，不可替代。"关店潮"淘汰的是不适应市场竞争的商家，留下的是生命力更强的"精锐"。

修炼内功，与时俱进，深耕体验营销，打造差异化竞争优势，是线下实体从业者应该持有的姿态，也是实体商业转型的一条新出路。

实体店的体验制胜与体验营销

阿尔文·托夫勒在其著作《未来的冲击》中卓有

远见地指出：

"未来经济将是一种体验经济，未来的生产者将是制造体验的人，体验制造商将成为经济的基本支柱之一。"

体验经济是以服务作为舞台，以商品作为道具来使顾客融入其中的社会经济演进阶段。其基于现实生活与场景，为顾客塑造感官体验及思维认同，吸引顾客注意力，引导并改变消费行为，为产品、服务找到新的生存价值与空间。

同一种商品，在农业经济中只值5元，在工业经济时值10元，在服务经济中值20元，在体验经济中就可以值30元。这是因为在体验经济中，顾客对体验享受的评价最高，也愿意付出更高的价格。

这也是为什么，即使在电商发展最迅猛的时期，一些线下商家的生意依然火爆，丝毫未见其受到电商的冲击。

第一个代表是大家熟知的星巴克。在星巴克的各个门店，几乎任何时候都有人，高峰期甚至找座位都很难。第二个代表是宜家，无论什么时候去，宜家线下商场的人都很多。

它们的秘诀在于——体验制胜！

星巴克实际上卖的并不是咖啡,而是一种氛围,一种环境,一种体验。当顾客在意的是消费氛围时,咖啡本身的价格就已经不重要了,重要的是体验,顾客愿意为之付出高价。

在传统经济时代,实体店的营销以产品为核心,关心的是产品的质量、数量、价格和实用性,结果导致同质化产品越来越多,顾客无从选择,最终只能选择价格,带来无休止的价格战。另外,由于产品、服务同质化严重,实体店需要不断创新才能吸引顾客。而在体验经济时代,实体店更能发挥其先天的体验优势(见图1.2)。

图 1.2　实体店的体验优势

1. 争鲜性

在实体商业空间中,顾客能够充分体会到逛、寻、品、试、摸、鉴、比的乐趣,享受到网络购物所无法提供的踏实与愉悦。除去商品、服务本身所带来的新鲜、独特体验,今天的实体商业所提供的巧妙的业态混搭、赏心悦目的店面装潢、匠心独运的物品陈列、舒缓高雅的背景音乐及充满温情的贴心服务,都能幻化成吸引顾客的强力诱因。

2. 即时性

电商消费,从下单到收货,中间有一个物流环节,顾客需要付出等待的时间成本。实体店的消费体验中则没有这种障碍,顾客消费时能获得一种身临其境的感觉,能够当即享受到产品和服务,立即得到心理上的满足感和愉悦感。

3. 参与性

在一些线下自助式消费中,顾客可以充分参与到消费环节中,如自助餐、自助导游、自助制作(DIY)、果园采摘、点歌互动等。实际上,顾客可以参与供给的各个环节。

目前，顾客体验正在由传统的功能体验、品牌影响，往体验式、参与式的方向演变，顾客希望能够充分参与到消费流程中去（见图1.3）。

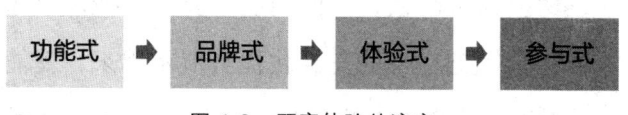

图1.3 顾客体验的演变

4. 感官性

所谓"体验"，最原始的解释，便是通过身体的各个器官来感知，来体验，这是最原始、最朴素的体验经济的内涵。比如，去音乐厅听音乐会，去电影院看电影，去游乐场游玩；去骑马、滑雪、攀岩、冲浪、蹦极；去逛公园、采摘、钓鱼等。实体商业中的体验，能充分调动身体五感，强化顾客的体验效果。

5. 差异性

工业经济追求的是标准化，在体验经济时代，顾客曾经被压抑的个性化需求得到了彻底释放，他们追求差异化，崇尚个性消费，这就倒逼商家必须提供差别化的服务。

实际上，线下消费体验取决于商家的地段、装潢、氛围、人员、态度等综合因素，每一个顾客从不同视角去察觉，都会获得完全与众不同的体验，这也正是实体商业的魅力所在。

在体验经济时代，实体商业只要能够抓住机遇，通过体验营销把自身的差异化优势展示出来，就能实现商品附加值的增加（见图1.4）。

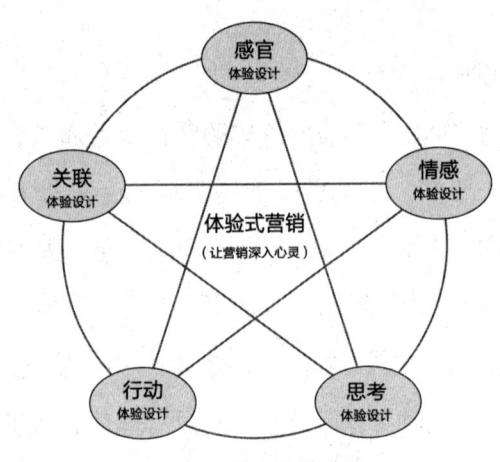

图1.4 体验营销路径

比如，宜家家居商场就遵循了这样的路径——

他们为顾客再造了一个逼真的生活场景，向顾客展示了厨房的装修设计搭配方案，展示了卧室应该怎么装修，展示了客厅应该如何配置家具……当顾客置身这些样板场景中，感官会受到刺激，激发出强烈的身临其境的感觉（情感），使他们产生一种迫切的渴望（思考）——希望将这些家居方案搬到自己家里（关联），从而刺激顾客产生购买欲望。

这样做的结果就是，顾客本来只是计划去买个柜子，最后却买了与之搭配的整套家居（行动），因为有时顾客并不太明白居家的延伸搭配。这样，宜家就通过真实的体验场景，通过创新性的体验消费，成功引导出了顾客新的消费需求。

在《宜家创业史》一书中，德国知名媒体人吕迪格·容布卢特总结了几条宜家的成功秘诀。其中重要的一条就是"体验式营销"。

在宜家看来，自己并非服务性商家，因为在宜家，顾客80%的家居购买行为都是由自己完成的：顾客从卖场挑出自己满意的商品，拿到收银台结账，然后运回家。到家后，顾客再将零部件组装成一件件完整的家居。这种"自给自足"的消费体验过程，让顾客乐此不疲，同时成就了宜家。

这就是线下实体商业进行体验营销的魅力所在。

实体店提升顾客体验的营销法则

体验经济的来临,是实体店跨越提升的一大机遇,推进顾客体验管理是实体商家迫在眉睫的一项工作。

什么是顾客体验管理?它以提高顾客体验满意度为出发点,注意把控售前、售中和售后同顾客接触的每一个节点,做好顾客引导衔接,扫除服务盲点,实现良性互动,为顾客制造积极向上的正面体验,增强顾客黏性,增加店铺的差异化竞争优势。实践证明,店铺价值和顾客忠诚度的提升,都可以通过对顾客体验加以有效的把握和管理来实现。

提升顾客体验的"七步闭环"

实体店经营者在认同、理解顾客体验理念和文化的基础上,需实时了解店铺目前的顾客体验和顾客期望值,在日常店铺营运中,确定关键的体验节点,进行体验管理,并对顾客期望值和实际体验的差距进行实时分析,制定针对性的改善措施,提升顾客体验。

顾客体验管理"七步闭环"如图1.5所示。

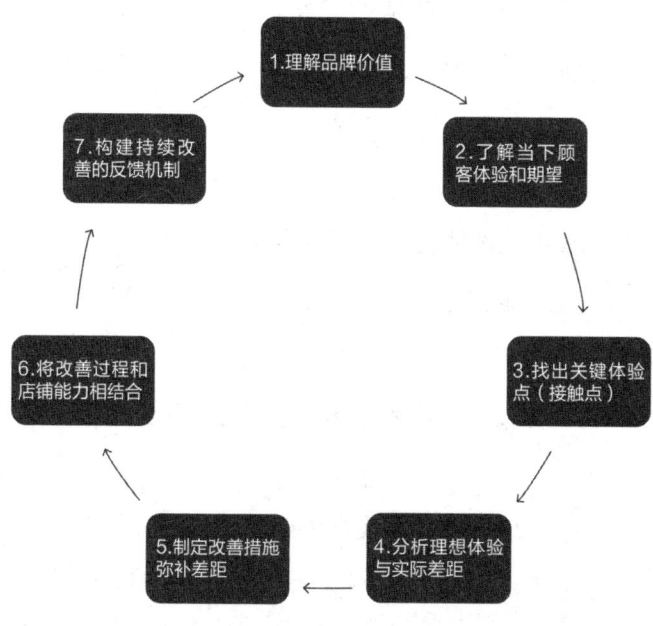

图1.5 顾客体验管理"七步闭环"

1. 理解品牌价值

所谓品牌价值，即实体店吸引顾客的核心卖点所在，它可以是一流的性价比，可以是人性化的服务，可以是丰富多样的商品，可以是极具传承的品牌内涵，总之，一切能够吸引顾客光顾的差异化卖点，都是实体店赖以生存的品牌价值所在。

2. 了解当下顾客体验和期望

实体店要充分分析目标顾客的消费期望，客观考量店铺能给顾客带来的实际体验值，通过满足顾客消费期望，来提升其消费满意度。

3. 找出关键体验点（接触点）

将店内能够影响到顾客体验的所有环节、所有接触面进行排序分析，找出能够对顾客期望值产生关键影响的关键体验，即商家与顾客的关键接触点。

4. 分析理想体验与实际差距

针对关键接触点，要弄清楚顾客希望得到什么样的体验，他们心目中的理想体验是什么，同时分析观察店铺在这些关键接触点给顾客提供的实体体验，找出差距。

需要注意的是，如果仅仅依靠店员本身，由于思维定式及主观偏见的影响，往往很难发现差距，也难以找出问题所在。这就需要借助第三方（管理人员、店长、老板）进行深入观察、调研、对比，同时去对标分析研究那些业绩良好的竞争对手所能给顾客提供的关键接触点体验。

5. 制定改善措施弥补差距

找到问题所在，下一步就是研究改进措施。如果是人的因素，就要进行针对性的培训指导，对于经培训教育后仍无法满足要求者，则应果断予以辞退；如果是其他方面的因素，则需要结合店铺实际情况和能力，进行相应完善。

6. 将改善过程和店铺能力相结合

每家店铺的竞争力和竞争优势各不相同，在弥补顾客体验短板的同时，应注意保持自身优势。要结合店铺的实际能力（经济实力、人员能力），有所取舍，弥补明显的体验洼地，强化自身的竞争优势。

7. 构建持续改善的反馈机制

实体店体验的改进源于一套能够自动运转的反馈改善机制，而非经营者的一时头脑发热。持续改善的反馈机制，有赖于经营者、店员、管理人员和顾客的共同努力、共同监督，并在背后形成一条利益驱动链条，调动链条上的相关人员投身于体验反馈改善工作中去。

提高顾客满意度

顾客满意度＝顾客体验值－顾客期望值

若上述公式中，计算结果为正数，即顾客体验超过顾客期望，顾客是满意的，这个正数数值越大，顾客满意度越高，顾客的兴奋度也就越高；反之，当差值为负数时，即顾客体验低于顾客期望，该数值越小，顾客满意度也就越低，顾客的不满和愤怒程度也就越高；当顾客满意度数值为0时，顾客基本满意，没有失望，也没有惊喜（见图1.6）。

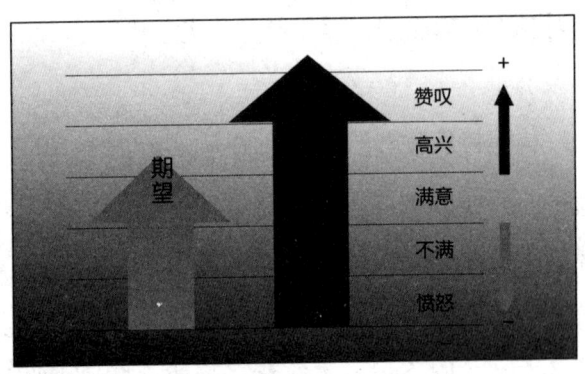

图1.6 顾客满意度的"三角定律"

基于这个定律，提高顾客满意度的操作方式，无外乎以下三种途径：

第一,提高商品与服务质量,从而提高顾客体验值。

第二,适当降低顾客期望值,将顾客期望值控制在一个合理的范围之内。要合理宣传,不要夸大宣传、过度承诺,以免拔高顾客期望值,当其期望得不到满足时,就会转化为深深的失望。

第三,通过提升参与度,让顾客充分参与消费过程,提升顾客满意度。

把控好顾客体验的关键时刻

2002年诺贝尔经济学奖得主丹尼尔·卡内曼曾提出一个"峰终定律":人们对体验的记忆取决于两个因素,体验高峰(无论是正面体验还是负面体验)时与结束时的感觉(见图1.7)。

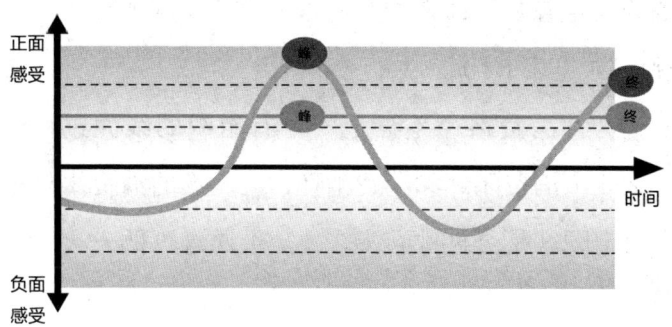

图1.7 峰终定律

该定律对于顾客体验提升的意义在于：顾客每一次消费体验之后，给他们留下最深刻印象的只有"峰顶"和"谷底"时的体验，消费过程中的其他体验，基本上对顾客的记忆没有影响。

这里的"峰顶"与"谷底"，可以看作顾客体验中的"关键时刻"，它们是关键的接触点，实体店经营者和从业者应把控好这些"关键时刻"，改善顾客体验，提升顾客满意度。

进行全触点营销

所谓"触点"，是顾客与商家发生联系过程中的一切沟通与互动的点，包括人与人的互动点、人与物理环境的互动点等。随着智能手机和平板电脑等移动终端的大量普及，顾客的购物路径也逐渐演变为"六个触点"（见表1.1）。

这种消费路径不再是一个有组织的线性过程，而是一个消费闭环和消费循环，上一次的消费体验将会决定顾客是否再做回头客，是否愿意再做一次消费循环。

表 1.1　顾客购物路径的"六个触点"

售前阶段 (Pre-Buy)	即调查阶段,顾客去逛商店之前会使用移动终端搜索目标商户,查询商家信息
在途阶段 (In Transit)	顾客抵达实体店或附近商圈。这发生在顾客前往一个商店或办事的过程中,营销者要根据用户手机的位置和移动速度,提供针对性的价值信息,鼓励他们打开特定的 App 应用程序
在店阶段 (On Location)	顾客到店后,相关人员应把握机会,做好对接与互动,避免顾客流失,错失良机
决策阶段 (Selection)	沟通了解之后,顾客会权衡利弊,暗自做购买决策
购买阶段 (Purchase)	这也是一个不容忽视的阶段,顾客支付的便利度和商家成交后的微妙态度变化,都会影响顾客的消费体验
售后阶段 (Post Purchase)	顾客会通过手机和各种社交网络分享消费的照片、视频等信息,并在第三方点评平台做出消费评价和打分

触点之所以重要,是因为顾客是基于他们在各个触点上的累计体验,形成对商家的总体认知的。这种认知会直接影响顾客对商家形象的判定,影响其后续消费行为。

商家应找出足够多的消费触点,把控好细节,完善每一个触点的顾客体验,提升顾客满意度。

第 2 章　产品为王

——好产品是体验营销成功的前提

实体店应该秉承"止于至善"的态度打磨产品、精进服务、改善体验。

打磨产品：实体店的"工匠精神"

互联网+、实体店+、O2O（即 online to offline，线上到线下）等新概念和新思维开始越来越深入地影响实体商业，但对实体店而言，决定用户体验的根本仍在于他们所销售的产品、提供的服务。如果没有过硬的产品、良好的服务做支撑，再花哨的概念、再炫的体验，也难以持久。

褚时健打造的"褚橙"，有人称之为"互联网橙子"。

深入研究过"褚橙"案例的黄铁鹰教授却不赞同这种观点，他还拿出了数据为证：2013年，"褚橙"在网络渠道卖掉的橙子只有1500吨，而在线下传统水果批销渠道则销售了8500吨。事情的真相是，"互联网卖了个小头，弄了个大声音；传统渠道卖了个大头，弄了个小声音"。

在黄铁鹰看来，"现在世界是平的，二流产品在美国、在非洲是二流，在中国也是二流，互联网解决不了怎么把二流变一流的问题，这点我是认准了"。他笃定，"互联网解决不了土壤问题，解决不了食品安全质量问题，解决不了马桶盖的品质问题，我们现在最挠头的很多问题都不是互联网带来的，根本不是"。

黄铁鹰还指出："两三年前我就在说，别再总拿互联网说事了。这些年做服装的老板都很难受，关店的关店，处理库存的处理库存，一片电商'狼来了'的风声鹤唳。可我跟他们说，你们不会不知道，优衣库、ZARA、H&M、GAP和无印良品，这五家店每年都在中国新增地面店，它们怎么没受电商影响？我说咱们都是做衣服的，谁也别吹牛，咱们一起到店里看看，你的面料、款式、剪裁、做工、定价、陈列，跟它一样吗？你们那把货跟它不一样，搞什么互联网也没用啊。"[1]

互联网不能让二流变一流。很多时候我们看到一个商家做一个产品或服务，在还未做到位、没有研究透的情况下，就用互联网的营销迅速地推广。那么，它死得可能会更快，如果产品或服务做不好，也许还能生存三五年，但互联网会无限放大它的缺陷和不

---

1 褚橙启示：互联网不能让二流变一流.商界.2015年4月30日.

足,会加速它的死亡。

互联网同蒸汽和电力一样,是企业、商家的一种生产、运营工具,当所有企业、商家都掌握了互联网这一工具,都完成了互联网转型,那么商业将会重归本质——回到对产品和服务的精进上来。

对于实体店经营者而言,如果在产品或服务上有独到之处,那么,也同样不可能被颠覆,也无须畏惧电商。

用"工匠精神"治理企业

据有关数据统计,截止到2012年,日本有3146家寿命超过200年的企业,居全球首位。这些企业长寿的秘诀就在于秉承严谨的"工匠精神"治理企业。反观中国,百年企业都为数甚少。而且,在中国电子商务持续升温的当下,日本的实体店不仅没有降温,还愈发表现出其价值感和生命力。

这种现象的背后,究竟是什么在支撑?

日本实体业给人印象最深的就是专注。一家小小的寿司店可以经营150年,甚至250年,这在日本很常见。

日本的店铺经营者以传承和精益求精为傲,在他们心目中没有做大生意和小生意的区分,他们能在持续不断的专注中获得满足感,所以心平气和。开店,不是多多益善,而是要做好,好到让自己满意。支撑他们的是工匠精神。

什么是工匠精神?

工匠精神是一种时代的精神,是一种令人肃然起敬的气质,是一种值得永远传承的文化符号,它包括五个方面(见图2.1)。

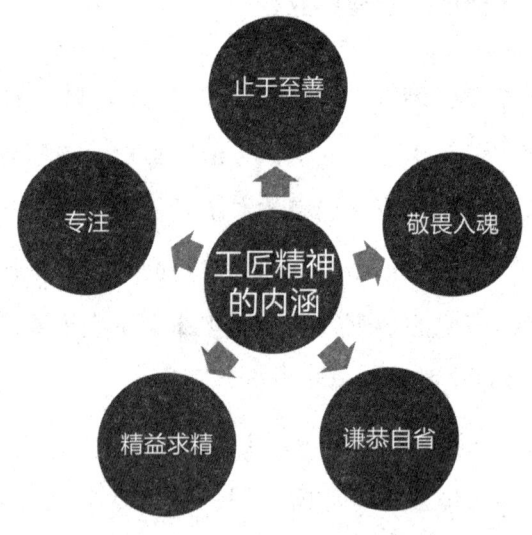

图 2.1 工匠精神的内涵

1. 专注

每一个工匠背后都有一个属于自己的故事，每一个故事中都有着一种相同的执着，这种执着，叫作专注。

瑞士是世界钟表之都，斯沃琪、劳力士、百达翡丽等钟表品牌享誉世界。在任意一家瑞士的普通钟表作坊中，人们都会发现，入眼的不是无所事事的工人，耳畔也没有机器的隆隆轰鸣，有的只是戴着眼镜、专心致志对钟表零件进行打磨的老师傅和学徒。

一块瑞士手工钟表，内部零件有一万多个。这一万多个零件，每一个都需要精心打磨，不允许有一点误差，零件一旦有瑕疵，就必须销毁。

正是凭着这份执着与专注，虽然瑞士钟表每年的产量都差强人意，但依旧"火"遍了全球。

瑞士的钟表匠，每一个都默默无闻，是和我们一样的普通人，但因为有工匠精神，他们平凡的人生也绽放出了伟大的华彩，那一块块行销世界的瑞士钟表，就是他们专注的注脚。

2. 精益求精

《论语·学而》有云:"《诗》云:'如切如磋,如琢如磨'。'其斯之谓与'?"

宋朝著名理学家、哲学家朱熹批注说:"言治骨角者,既切之而复磋之;治玉石者,既琢之而复磨之,治之已精,而益求其精也。"

在日本,匠人和职人是一种尊称,若非在整个行业中出类拔萃的人,是没有资格得到这些称呼的。

日本的匠人有许多,"寿司之神"小野二郎、"经营之圣"稻盛和夫都是其中之一。

小野做寿司,不是单纯地做,而是把寿司当成一件艺术品在不断地雕琢,在繁简之间,追求一种极致的升华。在他的眼中,从来没有最好的寿司,只有更好的寿司。他对学徒的选用和培养也极其严苛,能被选中当学徒的,都要经过漫长的艰苦磨炼——前十年,学徒只能做一件事,就是煎鸡蛋。至于捏寿司,想都别想。

追求精益求精,坚持并专注于自己的事业,或许短期之内并不能给我们带来最大的利益,但"风物长宜放眼量",每一个人,每一个商家,活在当下,为的都不是缅怀过去,而是让未来的"今天"过得更好。

3. 谦恭自省

每一个匠人都是单纯的,因为他将所有的心思都放在了对产品的雕琢上。所以,他们或许并不擅长交际,或许在其他很多方面都表现得比较木讷,但每一个匠人,都是谦恭的。

博多人形会馆松月堂是日本一家从外观看很不起眼的人形会馆,馆主宗田是一个纯粹的匠人。曾经,凭着精湛的技艺,宗田得到过天皇的赏识。对这一荣誉,他却并不在意,也不到处宣扬,反而经常向别人描述他为许多普通民众、为宗教活动制作神像的细节和趣事。

面对激烈竞争,实体店经营者必须保持高度的进取心,必要的时候必须当仁不让。但同时,也需要知道山外有山、人外有人,保持谦恭自省的态度。

4. 敬畏入魂

在匠人的眼中,产品不是死的,而是活的,是有灵气,有生命,有魂魄的。

川崎是日本一位锻刀师,在他看来,日本刀都是有魂魄的。所以,每次锻刀,虽然身处近乎封闭的锻造室中,尽管身边烈焰熊熊、高温难耐,川崎依旧保持着衣衫整洁，态度也异常严肃端正。在他眼中，锻造就是一种修行，锻造中不入魂、缺失敬畏之心，本就是对自己的一种亵渎。

工匠精神，是一种令人肃然起敬的气质，是一种"一丝不苟、精益求精、一以贯之"的精神，是用生命中全部的精力和心意去专注做一件事，追求完美与极致的一种坚守。

不同的态度，铸就不同的人生，用匠人的眼光和用商人的眼光看待经营，看到的会是两种截然不同的风景。像个工匠一般，为了做好而做好，和像个商人一样，为了收入而做生意，其状态和人生成就自然迥异。

匠人有匠心，匠心铸匠人，工匠精神，本就应该是所有实体店经营者应该秉承的气质与器量。

5. 止于至善

台湾地区知名餐厅鼎泰丰被美国《纽约时报》评选为"世界十大美食餐厅"之一，鼎泰丰的小笼包被称为"全球第一包"。在各种台湾旅行套餐中，鼎泰丰已经成了一个不可绕过的景点，就连著名影星汤姆·克鲁斯都专门跑到鼎泰丰学习如何制作小笼包。

尽管鼎泰丰的小笼包,价格非常贵,但是生意十分火爆。据报道,鼎泰丰台中一家店曾在一天内接待了超过 3000 名食客,翻台率高达 19 次。而大陆生意最火爆的餐饮店,海底捞生意最好的时候翻台率是 7 次,呷哺呷哺最多能达到 8 次以上。

原本是大陆江南地区传统美食的小笼包,何以在台湾地区名扬天下?

最核心的秘诀——产品过硬。

鼎泰丰小笼包制作过程的每一个环节,都充满了匠心(见表 2.1)。

表 2.1 鼎泰丰的产品制作标准

原料标准	1. 面粉。由固定供应商提供,价格比市面上的普通面粉高出许多
	2. 大米。是来自东北的精米,鼎泰丰内部还专门设置了一个负责挑米的职位,一粒一粒地挑拣,所有的残米都要挑出来
	3. 猪肉。专门由指定商户养殖的特定品种,采购的必须是活猪。这意味着,鼎泰丰还要专门配置一些屠宰、分切岗位
	4. 蟹粉。店内最受欢迎的蟹黄小笼包里面的蟹粉不是现成的,而是采购阳澄湖的大闸蟹回来后,由专人剔出蟹黄,制成蟹粉

（续表）

温度标准	鼎泰丰的每样餐点都有 SOP（standard operation procedure，即标准化作业程序），且每个环节都规定了标准"温度"，比如元盅鸡汤和酸辣汤的最佳温度是 85 摄氏度，肉粽则必须提高到 90 摄氏度，确保猪肉块熟透
重量标准	主打产品——小笼包的制作标准极其严格，必须坚持"5 克皮，16 克馅，18 道褶，总重量要达 21 克，入蒸笼 4 分钟后才可上桌"的标准。每个包好的小笼包，重量只允许有 0.2 克的差距，为了确保产品的标准化，包前的材料和包完的成品都要测量

包个包子而已，有必要这么"较真"吗？

鼎泰丰接班人、董事长杨纪华接受采访时的回答是："只要是跟客人体验接触到的东西，我们都尽所能提供最好的，止于至善，就是这个意思。"

止于至善！

这可谓是过硬产品的最佳诠释，也是产品主导型实体店应该奉行的一种工匠精神。如果以这种态度去打磨产品、精进服务、改善体验，那么实体店的生存空间就绝对不会萎缩。

产品存在的底线是顾客痛点

有了工匠精神,实体店经营者还应学会如何去发现顾客的需求,为顾客提供满意的产品。

产品存在的底线就是顾客痛点。

"顾客的痛点是什么,你是如何解决的?"

这是实体店经营者应牢记于心的一句话,它又可以分解为几个小问题:

第一,顾客的需求在哪里(顾客的痛点是什么)?

第二,如何满足顾客需求(如何消除顾客痛点)?

第三,顾客是否会为你的解决方案埋单(顾客是否愿意为消除痛苦付费)?

基于痛点的需求,只是顾客需求的一个方向,需求是有层次之分的,顾客需求通常表现在两个层面。

1. 第一层面:"止疼型"需求

顾客由于明显的痛苦、不适、紧急、窘迫、难受而产生的需求,迫切渴望出现一种产品或服务能够解决他们的问题,"快速止疼"。比如——

饥饿时,人们对食物的需求;

生病时，人们对医治的需求；

寒冷时，人们对御寒的需求；

炎热时，人们对避暑的需求；

……

这类需求，时不我待，非常急迫，这种情况下，顾客对相关"止疼"产品的需求最为强烈。

2. 第二层面："愉悦型"需求

顾客已经习惯既有的生活方式，习惯并接受了现有产品和服务，这些产品和服务能够满足他们的基本需求，在使用时，顾客没有明显的痛苦和不适感。

在苹果手机面市之前，顾客使用诺基亚、摩托罗拉或国产的中兴、联想手机，也能满足基本的通讯需求，使用这些产品时他们并没有明显的不适感。但是苹果手机横空出世，在满足顾客的通讯需求外，还极大提升了顾客体验，以极致的产品赢得了大批顾客青睐，迅速瓜分了传统手机的市场份额。

这种情况，是苹果手机以"极致产品、服务"激发并满足了顾客的"愉悦型"需求。

还有一种情况，是刚性需求之外的需求，这种产品或服务对顾客来说是一种可有可无的消费。即使不去消费，也不会给顾客带来痛苦和不适，不过一旦消费，即能给顾客带来愉悦和享受感。比如人们对各种娱乐项目的需求。

"止疼型"需求和"愉悦型"需求，所对应的恰恰是人们花钱消费的两个方向。

第一个消费方向：对抗痛苦，对抗不适；

第二个消费方向：追求愉悦，追求享受。

试想一下，顾客面对各种琳琅满目的商品和五花八门的服务，为什么会掏钱买账？莫不是出于这两种需求。

相对于愉悦顾客，缓解或消除顾客痛苦，显得更有价值，也更有意义。

相应地，对抗痛苦的生意要比愉悦顾客的生意更好做，因为顾客的需求更紧迫、更急促。很多时候，人们甚至没有选择的余地，没有说"不"的权利，只能选择"破财消灾"。

只要有人的地方，就有痛苦存在；只要有痛苦，就有商机存在。因为一旦有痛苦，人就需要相应的产品或服务来消除痛苦，就需要为产品和服务埋单。

当顾客有痛苦，商家也发现了顾客的痛点并为其提供了去痛的产品组合，那么，是否意味着顾客就一定会购买呢？

未必！

为什么呢？

一个简单的问题：顾客为什么要付费呢？

答案：因为他们有需求！

问：顾客为什么有需求呢？

答案：他们有问题或麻烦需要解决！

问：有问题或麻烦，就一定会产生需求，产生购买吗？

答案：不一定！一个简单的例子——某个人身材很胖，就一定有减肥的需求吗？就一定要花钱去减肥吗？当然是不一定。

问：怎么样才能让顾客的烦恼转化为实际需求，付诸消费行动呢？

答案：当不变的痛苦（现实烦恼）超过改变的痛苦（付出合理的成本，代价不要太高昂）的时候，潜在需求才能转化为实际购买。

实体店经营者要明白这种逻辑——

有了问题，顾客才会产生痛苦；痛苦足够大，才会产生需求；相应产品或服务的性价比要足够好，顾客才能最终去购买。

商家提供的产品、服务,其存在的底线就是顾客痛点。

基于顾客痛点,精进产品/服务,优化体验

硅谷最成功的风险投资人维诺德·科斯拉曾说过:"每一个痛点都是一个机会。"

对于每天要接触大量顾客的实体店商家来说,个别顾客的抱怨和痛点可能是小事。但对于每一个具体的顾客而言,却不是小事。聪明的商家能够基于顾客的抱怨和痛点,进行持续的修补与改善,精进产品,精进服务,优化顾客体验。只有这样,才能真正吸引顾客。

稻盛和夫先生在《六项精进》一书中提出了"六项精进"(见图2.2)。

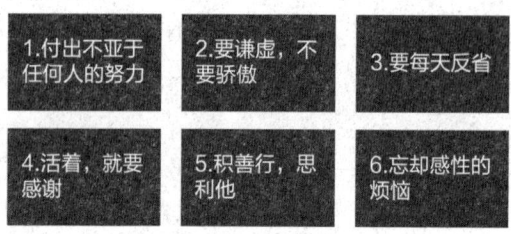

图 2.2 六项精进

这就是所谓的"六项精进",实体店经营者学习运用痛点思维,同样需要"六项精进"——

◆跟自己死磕(死磕产品、服务、用户体验),付出不亚于任何人的努力。

◆不断突破自己的恐惧、胆怯,锐意进取,学习新思维。

◆永不松懈对产品、服务品质的追求。

◆致力于提供更优质的服务。

◆在顾客体验提升上渐行渐远。

◆每日换位思考,研究顾客的不便、烦恼、痛点,设法去改进,精进,精进,再精进。

以这种心态去开店,去销售产品,去提供服务,去满足顾客日益挑剔的需求,实体商业怎么可能会被颠覆?

糖尿病是一种慢性病，对糖尿病人来说，最大的痛点是什么？就是测血糖。他们每天都要进行血糖测量，自己在自己手上扎针进行测量。即使在家，每天做这个工作都足以让人痛苦不堪，更不用提外出、旅行、出差的时候了，必须随身带上血糖仪等测试仪器，无比麻烦。

老式的血糖仪非常笨重，携带不便。经过创新迭代，如今的血糖仪已经变得非常小巧，便于携带，有些还可以电子读数，但问题是还是需要每天扎针，仍然需要随身携带。更可怕的是，有些血糖仪的针头扎进去之后，很难拔出来，不仅疼痛，还会流血，给糖尿病患者带来了极大的痛苦。

德康医疗的血糖仪则成功规避了这些问题，做到了不疼、不流血，消除了糖尿病患者的痛苦。

而对于那些重症糖尿病患者，血糖在睡眠中也有可能出现比较大的波动，沉睡时如何进行采样和检测，又是一大难点。

针对这一痛点，德康医疗的解决方案是：

首先，采取无痛植入式的采样传感器，将发丝粗细的传感器植入到糖尿病患者皮肤表层之下，捕捉患者体液信号，再将体液信号转化为电波信号，借助发送器发到接收器上。

其次,德康监测仪器会将电波信号换算成数据,形成检测数据曲线,如果病人血糖数值超过警戒线,系统就会自动报警,用来提醒患者、家人或医生,以便做出后续应急处理。

更高明的是,德康医疗解决患者痛点的过程,隐藏了很多赢利点。

第一,检测系统本身可以用来销售赢利,监测系统中的传感器是一种耗材,每周都要更换,单价75美元。因为糖尿病是一种慢性病,患者一旦对这种产品产生依赖,对德康医疗来说就是长期而稳定的现金流。

第二,德康医疗后台系统收集的大量一线患者数据能够同医院、科研机构合作、共享,形成大数据库,是一个可供变现的资源宝库。

我相信如果实体商业能如德康医疗这样,针对顾客痛点,不断精进自己的产品或服务,即使电商发展的势头再猛,它们的成功也一定是水到渠成、自然而然的。

爆款思维：爆品一定是明星单品

爆品，顾名思义，是能够快速引爆、提升客流、拉动人气和销售业绩的明星单品，它能够为店铺有效解决客流和现金流两大核心问题。

爆品一定是店铺内的明星单品，至少需要在以下某一方面实现突破：

品质突破。产品质量比竞争对手都好，就是独一无二的爆品，就像苹果手机，虽然价格昂贵，顾客依然争相购买。

性能突破。性能好到别人都做不出来，一直被模仿，却无法被超越，竞争对手只能望其项背，也是爆品。

价格突破。如果品质、性能无法同竞争对手拉开差距，也可以在超低价格上做文章，祭出价格的撒手锏，那也是爆品。

爆品，从营销角度可以分两大类：

第一，流量型爆品。以快速提升店铺人气和客流为主要目的，适合于爆动商圈、周年庆、新店开业等情况，多是可以用来抢顾客、打击竞争对手的明星单品。

第二，利润型爆品。即通过店员人为推荐，将顾客快速引流到可以提高毛利和客单价的主推利润单品。这适合已经具有商圈基础、一定人气和客流的门店，或者门店里面已经有热卖的品类区。

深谙爆品之道的商家，都会将资源和精力聚焦在极少的产品上，以"自虐狂＋偏执狂"的态度打磨出极致的产品，在让顾客尖叫的同时，也带来了商家口碑的爆棚，有众多积极效应（见图2.3）。

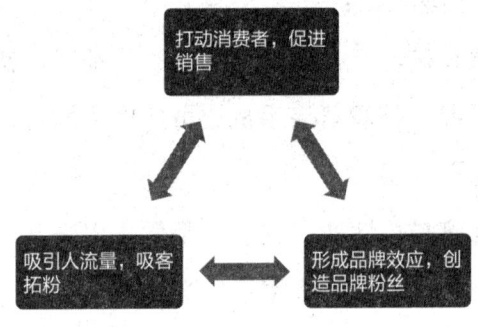

图 2.3 爆品的三大效应

我们来见识一下什么是爆品。

2014年7月，西北菜餐饮集团西贝莜面村，宣布以600万元的价格买断《舌尖上的中国2》里的"张爷爷手工挂面"，随后西贝莜面村开始在其全国门店推出名为"张爷爷家原汁原味"的酸汤挂面。上市后两个月，这种酸汤挂面就卖出了100多万碗，销售额突破1700万元。原本就天天排队的西贝莜面村,更是排队排到爆。

这碗面的火爆,除了其独特的来历,跟西贝莜面村掌门人贾国龙在产品层面的极端偏执分不开。在西贝莜面村内部,"爆品思维被反复讨论,跟产品较劲的程度令人爆头"。西贝人对产品较劲到什么程度呢?

◆ 面粉必须用最贵的河套雪花粉。
◆ 上桌时面汤的理想温度为57摄氏度。
◆ 老鸡熬汤必须超过5小时。
◆ 鸡蛋必须是圆的。
◆ 西红柿必须经过发酵。

褚时健堪称是爆品王,无论做烟,还是种橙子,他的产品总能秒杀竞争对手。

在褚时健看来,爆品的原点就是认真——

"事情的规律,认真就做得好。要下功夫要认真,所有的事都要这样,要下功夫。这几年,不少20多岁的年轻人跑来问我:'为啥事总做不成?'我说你们想简单了,总想找现成、找运气、靠大树,没有那么简单的事。我80多岁,还在摸爬滚打。我现在蹲下就站不起来了,但分枝、挂果的时候我都要去果园,坐在边上,让人扒开树叶露出果子给我看。"[1]

以这种态度去做产品,难怪"褚橙"能成为口碑爆品。

个性化产品 / 服务更受顾客欢迎

2004年10月,美国《连线》杂志主编克里斯·安德森,发表了《长尾》一文,该文迅速成为《连线》杂志历史上被引用最多的一篇文章。这也是"长尾理论"(见图2.4)的由来。

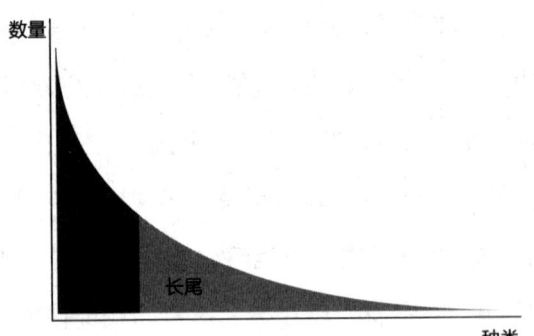

图 2.4　长尾理论模型

---

[1] 金错刀.褚时健打造爆品的3句话.2015年5月26日.

简言之，长尾理论是指只要产品的存储和流通的渠道足够大，需求不旺或销量不佳的产品所共同占据的市场份额可以和那些少数热销产品所占据的市场份额相匹敌甚至更大，即众多小市场汇聚而成的市场可以同主流市场相匹敌。也就是说，商家的销售量不在于传统需求曲线上那个代表"畅销商品"的"头部"，而是那条代表"冷门商品"，经常被人遗忘的"长尾"。

举例来说，一家大型书店通常可摆放10万本书，但亚马逊网络书店的图书销售额中，有四分之一来自排名10万以后的"冷门"书籍。这些"冷门"书籍所占的销售比例正在迅速增加。

这意味着，顾客在面对无限的选择时，需要的不仅仅是排名前列的畅销书，还有那些适应顾客个性化口味的小众产品。

"长尾理论"的提出，也正顺应了目前逐渐兴起的个性化需求与消费的浪潮，能够把握住这一趋势的实体商家也能在不起眼的小众市场中分得一杯羹。

在《小众行为学》一书中，作者提出了一个问题——为什么主流的不再受市场喜爱？

这是由于消费市场正在发生变化，人们的消费习惯已经从模仿型、排浪式发展为个性化、多样化。个性化消费是基于顾客兴趣的多样化,消费行为不再由价格驱动,而是由兴趣驱动,顾客能从消费中获得参与感、认同感和满足感。

实体店经营者应该敏感地感知消费市场的变化,多开发、提供个性化产品和服务,满足目标消费人群更高层次、更个性化的需求。

为了帮助传统零售业了解、跟踪顾客的个性化需求,全球最大的管理咨询公司埃森哲给出了以下六个努力方向(见图2.5)。

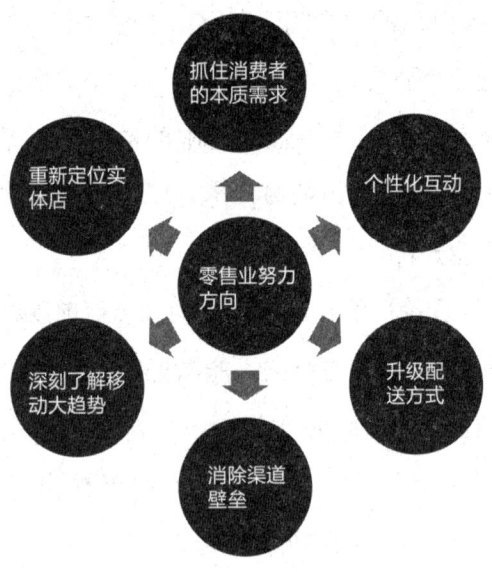

图2.5 零售业的六个努力方向

其中提到了"个性化互动",研究发现,大部分国内顾客都乐于接受个性化互动的机会,有79%的顾客表示,只要能得到想要的个性化服务,他们不介意向商家提供个人信息,更有80%的顾客表示,如果有人提供个性化的订购/配送计划,他们将会增加消费。

个性化互动具有"非标准化""定制性"的特点,满足了顾客的个性化需求,因此很受认可。

日本"寿司之神"小野二郎为食客做寿司,不仅会考虑到当天的天气情况,店里的温度、湿度,还会考虑到面粉的细致度、粗糙度,客人的性别、年龄、偏好、当日的心情等,他做出的每一份寿司都是独一无二的,保证每一份寿司都是最适合客人的。

提供非标准化产品,是满足顾客个性化需求的一个方向,除此之外,还有几种个性化的定位方式——

第一,提供非标准化产品/服务;

第二,提供小众化冷门产品;

第三,提供个性化产品/服务组合。

做减法：为产品/服务瘦身

实体店经营者也要懂得做减法，适当为产品/服务瘦身，提供精准产品，服务精准顾客，少做无用功。

精简产品

你有没有这样的经历？去餐厅就餐的时候，面对一本厚厚的菜单，看着动辄上百道甚至更多的菜品，顿时变得头大，会陷入一种选择性障碍。翻来覆去看好久，还是不知道吃什么！

商家和消费者似乎对此都已经习以为常，直到有一些大胆的经营者来打破这一约定成俗的局面。

"谷连天"是中国首家现熬八宝粥的餐饮连锁品牌，目前拥有直营店 10 家、加盟店 20 余家。每家店面的生意都非常火爆，每次一到饭点，店里都是"一位难求"。

起初，谷连天的经营者也希望自己的粥类产品种类越多越好，恨不得将所有粥品都引入自己的产品线。可随着经营的深入，创始人乔文学却发现，无论餐厅提供的粥类种类有多丰富，顾客经常点的粥永远都是特定的几样，而长期位居榜首的几乎都是八宝粥。

乔文学意识到，餐饮产品并不是越多越好，于是将原来的"谷连天粥铺"更名为"谷连天八宝粥"，并将粥类产品从十几种精简到五种。通过更名和为产品瘦身，谷连天缩短了顾客的点餐时间，大幅提高了八宝粥的销售量。同时，店内的上餐效率和服务效率也得到了大幅提高，顾客得到了更好的消费体验，单店营业额也随之大增。

简化服务

英国美食评论家巴里·威伯访问过上千名顾客，其中有49%的人表示最讨厌过度服务的服务员。

针对这一现象，以服务为导向的实体店，就应该考虑自己是否存在过度服务，如果存在，就要适当地对服务做减法了。

1995年的某天，小西国义在一家理发店排了很久的队，终于轮到他，可期待已久的理发并没有马上开始。店里小工给他递上一条热毛巾，开始给他进行没完没了的按摩，按摩的同时还在进行令人生厌的推销。

最后,小西国义付出了数千日元(约数百元人民币)的费用,浪费了大量时间,得到了很多自己不想要的服务,他原本只是想把头发剪短一些。

传统理发店所提供的这种冗长烦琐的"殷勤"服务,让他感觉到很痛苦。

他想如果有这样的理发店——位置方便、理发只需 10 分钟、收费 1000 日元(约 63 元人民币),会有人感兴趣吗?

带着这个问题,小西国义做了一次市场调查,认同他想法的人竟然高达 43%。

于是,QB House 理发店诞生了,在这家理发店,小西国义将理发环节精简到了极致(见图 2.6)——

图 2.6　QB House 的极简服务策略

第一，极简服务。店里只提供剪发和基本造型服务，不提供洗发、剃须等服务。

第二，拒绝推销。不在店里推销任何美发产品。

第三，极简空间。为了充分利用空间，减少店铺面积，节约房租开支，QB House专门开发了一款剪发组合柜。柜子正面是操作台和放置剪发用具的隔断，各种物件都有自己的卡槽，整洁干净。柜子背面，则用来放置客人的衣物。每个柜子就是一个美发师的工位，再配以尺码明显小于传统理发店的椅子。

第四，自动提醒。在店面等位处，设置一组由红黄绿三种颜色组成的信号灯，用来提醒店内的繁忙程度和等待时间。绿色表示无需等待，黄色表示需要等候5~10分钟，红色表示需要等候15分钟以上，客人可根据自己的时间来选择是否等待。

第五，价格低廉。客单价在1000日元左右。

第六，极度卫生。在卫生上，QB House没有追求极简，有着严格的卫生标准，给客人使用一次性环保颈圈，所有非一次性用具包括理发师的手都要严格做到"一客一消毒"。

第七，自助付款。为了提高效率，店内没有收银员，顾客自己刷卡付费然后叫号服务，避免了收银找零的麻烦。

如今，QB House 已经成为日本最成功的连锁理发店，自从 1996 年开设第一家店面之后，20 年间，QB House 已经在日本、中国香港、中国台湾、新加坡、马来西亚等国家和地区开设了近 550 家分店，平均每月有超过 125 万人次光顾。[1]

大道至简，有时真正难的不是做复杂，而是做简单；不是做加法，而是做减法。

话说回来，对服务做减法，不是简单的一减了之，而是要从顾客的实际需求出发。比如有些人就喜欢被一群人围着"过度服务"，那么再一味去做减法，就会本末倒置。总之，做减法的目的是为了提高顾客满意度，提高消费体验，不可矫枉过正。

1　秦刚. 做减法，理发店也做到年收入几亿人民币. 2015 年 3 月 20 日.

第 3 章 场景营销

——打造极致体验的基础

实体店场景营销就是要致力于"在对的时间、对的地点,为顾客提供对的信息"。

场景营销：打造极致体验的基础

场景，原本是一个影视术语，是指在特定时间、空间内展开的行动，或有复杂的人物关系构成的具体画面，是通过行动或人物来表现剧情的一个个特定过程。从影视角度看，一个个完整的故事情节正是由无数个场景所构成。

在移动互联网时代，场景是真实的以人为中心的体验细节。场景依赖于人，没有人的意识和动作就不存在场景。借助场景思维，实体商家可以基于顾客的使用场景，更好地发现顾客的真实痛点和需求，并以此为基础提供有效的互动体验，为顾客找到更直观的解决方案（见图3.1）。

当场景思维被应用在线下商业业态的营销概念中时，就有了明显的导向性。

所谓场景营销，就是在实体店交易过程中，商家以场景作为体验营销的背景，以产品和店铺设施为道具，配合以贴心的服务，

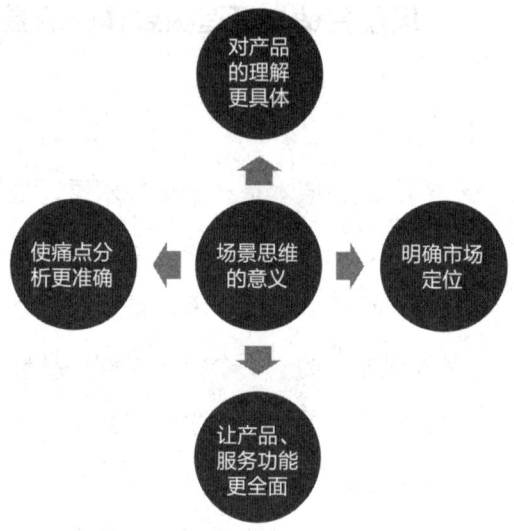

图 3.1 场景思维的积极效应

为顾客营造一种融环境、氛围、场所为一体的立体化场景，使顾客在消费过程中，通过五官和身心的全方位、立体式接触，来同商家所营造的体验场景实现情感共振，通过独特的场景来打动顾客的消费欲望，激发顾客的共鸣，进而达成交易。

简单来说，就是实体店通过"硬件+气氛+人与人的互动"来触发顾客的购买欲望。

场景营销属于体验式营销的细化和深入，商家进行场景营销，满足的是一种新的消费需求——相对于网络购物的便捷、廉价，今天的顾客更多需要的是一种消费场景,并且是他们能够深度参与其中的消费场景,而不仅仅是一个购物入口。

与线上消费相比,线下实体商业已经将场景化营销作为一个独门优势,且将增加体验消费的比例,降低零售品类的占比,作为一大发展趋势。我们看到,那些在电商时代依旧经营良好的实体商铺,无不是把握住了这个趋势。

如今,很多实体店的卖点和差异化竞争优势就是"场景化",所销售的产品、服务则更像是其"搭售"的附属品。也可以说,场景营销最根本的出发点是"在对的时间、对的地点,为顾客提供对的信息",它和传统营销的区别,主要表现在以下两个方面。

1. 侧重点不同

场景营销的目的是为顾客打造极致体验。它的侧重点在顾客对良好消费体验的需求上,力图通过空间情景设计、店内互动及体验活动的安排,从感性层面对顾客施加潜移默化的影响,在促成交易的同时,带给顾客愉悦感。

传统营销的重点是产品、服务自身的特色与利益点,通过对产品、服务本身的卖点进行渲染,从理性层面来说服顾客，达成交易。

2. 对顾客的假设不同

场景营销假设目标顾客是理性和感性的综合体，顾客的消费决策会受到理性和感性的双重影响。因此，在场景式体验营销中，顾客不仅能够被动接受来自特定场景的体验，还能够主动参与到场景体验中去，真正体现出了顾客导向和以人为本的理念。

传统营销则假设目标顾客足够理性且能做出理性的消费决策，认为顾客的消费过程由需求认知、筛选信息、产品评估、选择、购买等几个阶段所构成。

除此之外，场景营销还表现出如下特性：

随时性。在很多消费场景中，顾客多是不带目的性的，但商家的场景营销激起了他们购买的欲望。

多样性。个性化消费时代的来临，商家需要针对特定群体、特定需求进行对应的场景设计，这使得场景营销变得更为多样化和立体化。

搭建让顾客一见钟情的场景

实体店构建的体验式场景营销，不应该是简单的硬件叠加，而是"硬件＋气氛＋人与人的互动"的综合系统，所有这些元素加在一起才能构成一个完整的体验场景，一个能让顾客一见钟情的场景，否则就只是一个冷冰冰的装修而已。

Hamleys玩具店是一家来自英国的百年老店，它在店铺场景化营销上，给国内的实体店上了生动的一课。

Hamleys南京店是这家英国百年老店全球单体面积最大的场景式玩具体验销售中心，在这里，每天上午，品牌形象"哈姆熊"都会从光顾的小顾客中挑选一位幸运的小朋友，作为店铺开门倒计时的摇铃师。

"Hamleys开门！"伴随稚嫩的童音，店面大门会徐徐打开，随之，一个充满魔幻风格的儿童玩具乐园就向孩子们开启了大门，张开了怀抱。

这样的开店仪式，每天都在进行，附近的小朋友们则是永不厌倦地积极参与，给商家带去了庞大的客流和强大的转化动力。

在Hamleys卖场内，小顾客们仿佛并不是前来选购玩具的，而是进入了一个大大的游乐场，可以在不同主题的玩具场景中获得不同的体验。这里的玩具，不再像传统玩具店那样摆在货架上供顾客挑选，而是按照不同的场景进行布置、排列，场景周边则搭建有玩具展示台和游戏台，每一款玩具都被尽可能地做动态化展示。

在 Hamleys，孩子们首先是尽情地玩耍，尽情地体验，而不只是简单地买买买。射击、遥控车、AR 体验等 20 多个娱乐场景，几乎覆盖了不同年龄段的所有孩子，犹如一个小型的儿童乐园。

Hamleys 不仅擅长场景和气氛的烘托，还注重同顾客的紧密互动，会针对顾客需求，比如孩子的性格、喜好等，提供特有的主题派对定制服务。

在店面场景体验上的用心投入，能在多大程度上获得回报呢？Hamleys 南京店体验经理刘佳表示："我们的销售数据显示，不做示范和体验的自营商品跟做示范和体验的自营商品之间的销售差距是 100 倍！而这几年，Hamleys 更发现，通过给予顾客体验带来的销售在总销售额的占比逐年增加。"[1]

可见，"场景化"体验不论是从理念上，还是实际

---

1 实体店＋，提升黄金周成色．新华日报．2016 年 10 月 6 日．

经营效果上,都在逐渐颠覆、取代传统零售卖场,在倒逼线下实体店向体验型商业转型。

在这种趋势下,我们看到某些线下商家,为了增强顾客体验,正在尝试进行各种各样的场景变革。比如,在一些商场的有机市集,顾客可以现场体验用传统石磨磨豆浆的乐趣,也可以学习日式寿司的制作方式;在一些前卫书店,顾客除了可以看书、买书,还可以欣赏舒缓的音乐,甚至可以听各种论坛、演讲。

客观地讲,本土商家的场景化营销还有很长的路要走,要真正致力于从"硬件+气氛+人与人的互动"等层面上进行全方位精进营销。

1. 硬件配置

硬件配置、设计,是打造体验式场景的基础性工作。商家要从顾客需求、喜好的角度,而不仅仅是从销售的角度去配置营销场景。

2. 气氛烘托

仅仅具备良好的硬件配置,还远远不能有效构建出让顾客一见钟情的场景,难以留住顾客,反而可能会给顾客一种"无感情、冷冰冰"的感觉,让顾客敬而远之。商家应该针对顾客的实际需求，综合多种形式，来营造一种符合商家实际情况，又能吸引顾客的氛围。比如，在竞争激烈的线下家居行业，宜家的质量不一定是最好的，价格也不一定是最低的，但它却通过对生活空间、创意设计、产品故事的巧妙运用，营造了一种温暖、独一无二的销售氛围，深深地吸引着顾客。

3. 人与人的互动

相对硬件配置和气氛烘托，人与人的互动是更高层面的场景营造元素。所谓的互动，就是商家同顾客双方能够互相动起来。只要抓住互动双方的共同利益点，找到巧妙的沟通时机和方法，就能将双方紧密地结合起来。

小而美店铺：小的是细分，美的是体验

在汉语语境中，"小"与"美"同时出现的场合并

不多,"小"与"美"之间也没有必然的因果关联。

2009年,马云在第十三次工商领导人峰会上所做的题为《未来世界,因小而美》的演讲,开始让"小而美"这个词变得广为人知。在当时的马云看来,金融危机对大企业来说是一场灾难,但是对于小企业而言则是一个巨大的机会。

到2012年,"小而美"已经取代了C2B、交易量和网络生态系统,成为阿里巴巴官方用语中出现频率最高的一个词,阿里巴巴高层甚至宣称:"我们已经进入了'小而美'的时代"。

在淘宝的生态系统中,"小而美"意味着——

◆独具特色的小店。

◆与众不同的淘宝体验。

◆创新经营模式。

◆得到某个群体的认同。

◆让用户感动的细节之美。

◆从关注价格、规模转向关注顾客、品质和独特性。

这些"小而美"店铺通常并没有特别精美的装潢和宣传照片,也没有巨额交易量,但是它们凭借独特的魅力吸引了那些有着相同品位需求的顾客，活得很滋润，小而美着。

更值得关注的是，近年来不仅仅是淘宝平台和中小网商在谈论"小而美"，一些线下实体商业经营者也开始关注和追求"小而美"。个中道理不难理解，我们且不论"大而强"的难度和概率问题，只谈"小而美"的本身独特魅力：当"大而强"以绝对的优势吸引着大众的眼球时，那些几乎被忽略的"小而美"却在自己的一亩三分地顽强地生长，甚至以出人意料的方式展现自身之美，释放出超乎想象的能量。

小而美的店家，往往能在很小的细分市场内将业务做到极致。从更广义的范围上看，"小而美"就是那些规模不大但却有着独特价值的实体店。举个最简单的例子，你可能只有一家占地10平方米的蛋糕店，你的服务半径也许只有3公里，但是你烤出的蛋糕味道异常鲜美，顾客都对之念念不忘，每天的产品都供不应求，那么，你的生意就是当之无愧的"小而美"。

位于日本东京吉祥寺商业街的点心店——小竹，就是一家"小而美"的店铺。小竹的店面仅有3.3平方米，店面朴素，只出售羊羹和最中饼两种点心，也从来不做宣传，但它的年营业额高达3亿日元（约1858

万人民币）。小竹家的招牌羊羹造型精美，堪称艺术品，每道制作工序都追求尽善尽美。为了保证品质，羊羹限量销售，每天150个，每人限购5个。尽管如此，为了买到这种梦幻羊羹，许多人早上4、5点就来排队，要是赶上节假日，甚至有人半夜1点就来排队，而且这种排队的情况居然持续了40多年。

如此看来，要达到"小而美"的标准，需要具备两个条件：

第一，"小"，是指那些"功效独特"、能够轻松聚焦到某一"特定消费群体"的商品或服务。"小"并非指商品的大小和价格的高低，只需针对特定的消费群体，而不必针对大众市场做全面推广，也因此，它们付出的营销和销售费用相对是较少的。

第二，必须是"美"的，否则"小而美"也就没有了存在的意义。"美"指的是卓越、极致的功效，相对于"小"而言，"美"讲的是一种深度，即你对顾客及其需求理解越深入，你的商品和服务也就越"美"。

根据这一标准，"小而美"就是那些功效独特、极致，具有明确细分消费群体的商品和服务。"小而美"看上去并不是一种符合传统的观念，在人们通常的思维中，迷恋"大"是主流的审美取向。做生意、做企业也往往都以"大小论英雄",都有"巨人症",一味地比规模、比市值、比资产总额……在这种思想的指引下,很多商家违背自然规律和社会规律,无视根基,不顾道德底线地扩张,形成了劣币驱逐良币的市场。

事实上,做小、做专、做美,比做大、做强更容易,更何况我们很多时候看到的并不是真正意义上的大而强,而是一种虚胖。

比如在意大利,绝大多数企业都是小企业,它们追求产品的完美,而不是追求成为一家规模大的企业。它们走的是专业化路线,在各自的领域内潜心耕耘,精益求精,把自己做成"1米宽、1000米深"的专业型企业,这就是"小而美"。

对"小而美"中的"小",没有一成不变的定义,对于多大的规模才称得上是"小",也没有固有标准,小不是市场小,是指的细分市场,能够满足某个群体认同的需求;美是细节之处让用户感动,通过产品、营销、服务等多维度打造最佳客户体验。

简单来说,所谓小而美,小的是细分,美的是体验。

"小而美"店铺独具魅力,要实现"小而美",通常有以下三种途径:

第一,通过技术进步,重新界定相应的产品和服务，提高用户体验，乃至改变顾客的生活方式。这一方式门槛相对较高，但一旦突破，将能为商家带来竞争对手难以望其项背的核心竞争力，并能在较长的时间内独享竞争优势，高高在上地欣赏美景。

第二，发现新需求，满足新市场。很多时候，"小而美"源自对生活的用心观察和不懈追求，其中有太多的地方值得商家深思，进而去改善、去满足，这就是商机。

第三，追求极致，精耕细作。相对于技术突破和创造市场需求，这一点是最容易下手的，但要想持久做下去，需要的则是非凡的耐力和精益求精的精神动力。比如，一家餐饮店，在口味上持续改进，形成特色，令顾客流连忘返；一家服务企业，永不停息地追求卓越服务，为顾客创造独特的消费体验，让顾客心驰神往。

用跨界混搭满足挑剔的顾客

瞬息万变的互联网时代，一切变革都有可能。

未来，酒吧还只是酒吧吗？

咖啡厅还只是喝咖啡吗？

酒店就只能用来睡觉吗？

美容店就靠坐等顾客上门吗？

银行等待的区域可不可以变成新兴书店？

对上面的几个问题，细心观察的人其实已经有了答案——很多传统的实体店早已经开始"变脸"了：超市不再像卖场，商品陈列注重体验感，还多了婴童中心、名酒中心、家庭厨房及轻餐饮等跨界"场景"；咖啡馆再也不是以往的老样子，成了创业孵化器；服装店里可以喝咖啡，享用小吃；银行大厅等待办理业务也不再无聊，你可以喝杯咖啡打发时间……如果实体商家还是在用传统思路做传统实体店，那么恐怕属于它们的机会已经不多了。

大家可以看到——

优衣库引入了星巴克。在美国纽约的优衣库门店，顾客甚至可以一边把玩店家准备的 iPad，一边美美地喝上一杯星巴克的咖啡。

招商银行则联合韩国第一咖啡连锁品牌——咖啡

陪你，创新合作开设了"咖啡银行"。在位于北京的招商银行第一家"咖啡银行"中，红色的招商银行标识和棕色的咖啡陪你标识各占一半，客户在办理业务之暇，还可以喝咖啡。

永辉超市则牵手地产企业，为顾客提供全方位的跨界服务。顾客凭借购物小票，可到合作地产公司兑换同等金额的购房优惠券。

尚品宅配则在卖场内引入了玩具商家、幼教品牌、旅游产品提供商和各类餐饮品牌等跨界商家。这类跨界合作经营，为顾客提供了多样化的消费体验，可以满足顾客的不同需求，同时又弥补了尚品宅配在亲子跨界经营上的不足，这样，既成功解决了经营成本问题，还提高了卖场的客流量和营收。

以上这些都是跨界混搭经营的一种形式。

我对跨界的理解是，某个消费群体总需要大致相通而品类不同的各种延伸性商品、服务，跨界就是能将这些延伸性商品和服务聚集整合起来，实现关联销售的一种经营形式。

跨界经营也并非灵丹妙药，一跨就灵，总体来讲，实体店的跨界应当具有如下五个基础：

◆跨界的主体本身要是强势品牌。

◆跨界方向同主营业务密切相关。

◆延伸品类和主营业务文化内涵一致。

◆延伸品类能为顾客体验正向加分。

◆延伸品类同顾客生活轨迹相关。

实体店做跨界时,要注意规避以下风险(见图3.2)。

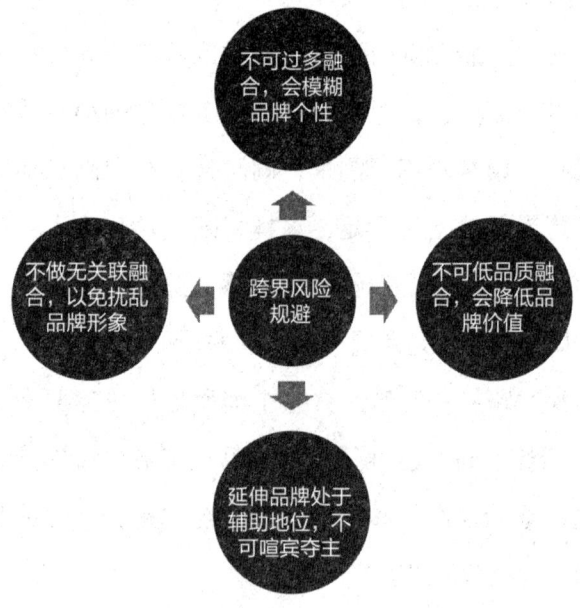

图3.2　实体店跨界风险规避

异业联盟：构建体验营销场景联盟

异业联盟是指各个行业、各种层次的商业主体之间（见图 3.3），为了实现共同的利益而组成的短期或长期商业联盟。

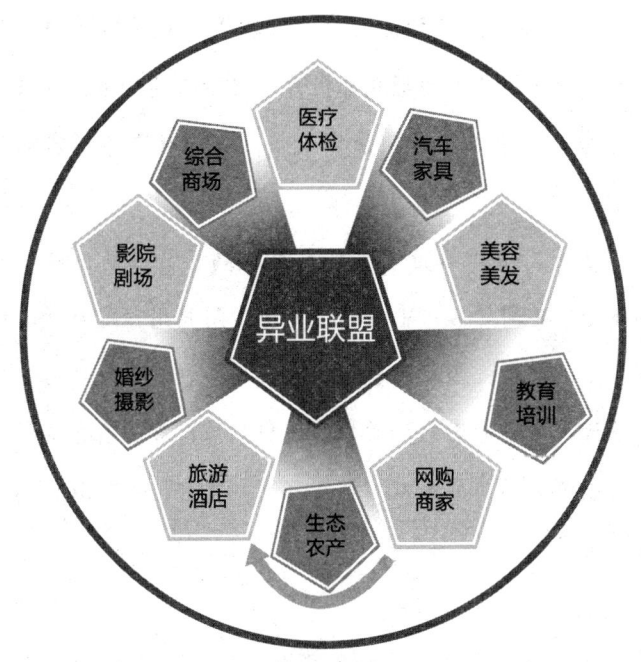

图 3.3　异业联盟的参与者

相对于实体店自身的跨界经营，异业联盟的参与者相对独立，这种独立表现在参与者拥有独立的经营空间和经营自主权,但它们同时又存在一定的利益共享关系。异业联盟是一个相对紧密、资源共享、利益共存的联盟。

异业联盟看上去是个生疏的概念,但在现实商业环境中,它已经很常见。来看两个例子。

例一:中信银行信用卡中心积累了数千万用户,想通过积分兑换礼品的形式来提升用户活跃度和用户黏性;肯德基餐厅推出了新款豪华午餐,希望有更多顾客前来品尝。

于是,中信银行的工作人员找到了肯德基,双方一拍即合,共同约定:中信银行信用卡用户用一定数量的积分就可以兑换一套肯德基新款豪华午餐。双方合作后,中信银行回馈了老用户,增加了用户黏性;肯德基也实现了其引流消费的目的。双方实现了"1+1>2"的双赢目的,皆大欢喜。

例二:苏女士开了一家服装店,天性爱美的她经常去一家美容店做SPA。一次,在跟美容店老板的闲聊中,双方无意中迸发出了一种双赢的合作思路——

苏女士在自己的服装店里,帮美容店老板娘做广告宣传：当顾客购物满300元时，就赠送一张价值300元的美容店免费体验券，当顾客拿着体验券到美容店里体验时，就成了美容店的潜在顾客。

同时，苏女士也会印制一些代金券放在美容店。顾客在美容店消费到一定额度，就可以得到服装店的代金券，可以直接到服装店里消费，抵扣现金。

异业联盟的双方由于在产品上不存在竞争，它们的商业地位相对平等，而且面对的消费群体也比较一致，所以它们之间只有合作而没有冲突。异业联盟是一些没有任何业务交集的商家，出于共同抵御市场"寒冬"的需要，来"抱团取暖"的一种合作方式，可为合作双方带来诸多积极效应（见图3.4）。

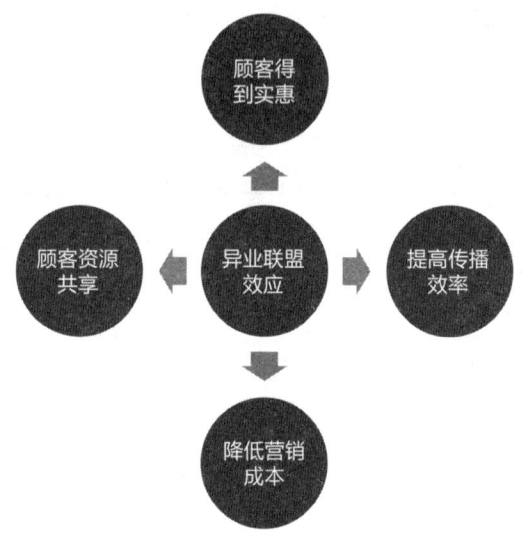

图 3.4　异业联盟的积极效应

1. 顾客资源共享

联盟参与商家之间，可以实现顾客资源的共享，积"众弱"为"众强"，共同对抗电商和线下大品牌、大商家的冲击，这也是异业联盟进行资源共享、资源整合、资源营销的核心。

2. 顾客得到实惠

异业联盟可有效实现顾客利益最大化，它的实质是将分散的各大利益主体共置于一个公共平台上。在这个平台上,各方均能在合作的达成中实现自己的利益。在这个过程中,顾客也实现了"利益均沾",得到了最大化的实惠。

3. 降低营销成本

首先,异业联盟降低了营销成本。联盟商家的联合促销费用一般由双方和多方共同投入,有效降低了各自的广告宣传成本。另外,营业额增加了,也等于变相增加了利润,减少了促销费用。

4. 提高传播效率

实体店影响力的扩散和品牌效应的形成,需要不断地通过各种渠道来强化。通过异业联盟,商家可以利用其他商家品牌的影响力和传播渠道进行宣传,彼此搭便车,既能降低昂贵的渠道成本,也能有效地提高传播精准度和效率。

打造让顾客流连忘返的"诱因"

"好的商场一定能让顾客发出'啊'的惊叹!"

这是伊藤洋华堂中国区总代表三枝富博的观点。

然而在品牌同质化和电商的双重冲击下,实体商家要想让顾客发出单音节的"啊",甚至让顾客流连忘返,绝对不是一件容易的事。

除去产品、服务本身的新奇体验感,如今店铺氛围、店员的服务、顾客需求等因素,都会影响顾客,抓住这些因素背后蕴藏着的机会,就能让顾客流连忘返。

营造独特的店铺气质

店铺气质是由店铺装潢、店铺氛围打造出来的,通过精心设计,可以为顾客创造出一个亲切、和谐、详明、舒适的消费环境。

店铺气质的打造,要考虑"适时、适品、适所、适人"等要求(见图3.5)。

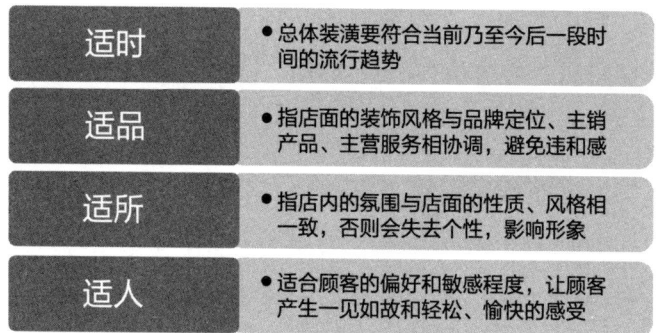

图 3.5　店铺气质打造的"四适"原则

基于这些原则,宜家在家居卖场内打造了独一无二的体验环境。

1. 提供纸笔和量尺

这些工具,既能在顾客需要的时候为顾客提供便利,还代表了宜家对顾客的认同和尊重。顾客在拿起这几种工具时,也会觉得自己很专业,进而提升对宜家的满意度。

2. 可自己挑选搭配

顾客可以在店内根据自己的喜好,通过更换灯罩、窗帘、地毯、餐垫等的颜色来改变家居的布置等。另外,宜家为顾客提供了像乐高玩具一样的说明书，可以增加顾客组装时的乐趣，也可降低顾客组装家居时的心理压力。

3. 儿童娱乐空间

宜家的儿童区就像个游乐园，而且安保措施做得很到位，孩子入园时会让家长填一个单子，家长接孩子时必须凭单子和密码。当小朋友玩得流连忘返时，家长就可以趁机安心逛和买买买了。

4. 宜家餐饮

宜家的每个卖场内都会提供较大的餐饮区域，用食物提升顾客的好感度，而且非常便宜，比如在广州宜家卖场，顾客可以体验1元的冰淇淋、3元的热狗、15.5元的瑞典肉丸……宜家小餐馆前时常会排起小长队，咖啡厅里更是一座难求，不少人选择在广州宜家享受一顿下午茶。

宜家小餐馆、宜家咖啡厅、宜家瑞典食品屋不仅仅是顾客歇脚的地方，还是吸引吃货到店消费的原因。

5. 不打扰政策

除非顾客主动询问，否则宜家的店员完全不会去打扰顾客。这个服务政策间接让整个宜家卖场成为社交空间和体验空间,而不单纯是一个卖场——随处可见的椅子可以方便顾客坐下来交流选购意见,不仅可以和同伴交流,还可以听到别的顾客的意见,从而影响顾客的购买意向。

6. 提供购物推车和购物袋

通常,顾客只有前去超市购物时,才会选择购物车和购物袋。而宜家卖场也会为顾客提供购物车和购物袋,让顾客觉得在宜家就像是购买日常生活必需品,从而大大降低顾客在挑选商品时的警觉心。

读懂顾客需求

伊藤洋华堂刚刚入驻成都时,为了解中国顾客的需求,总经理三枝富博和下属专门去市民家里看市民的冰箱和柜子,甚至动手去翻看市民家的垃圾桶。开店后,伊藤洋华堂有了更直接的调研方式——直接询问顾客,收集顾客之声,根据顾客对停车场、商品、服务的反应迅速做出调整,改善顾客体验。

一名伊藤洋华堂的员工这样说:"很多顾客也说

不清到底喜欢伊藤洋华堂哪里？反正就是喜欢。"其实，顾客喜欢的是伊藤洋华堂真的"懂"他们。

伊藤洋华堂为了满足顾客的个性化需求，专门对顾客的消费类型进行了划分（见图 3.6）。

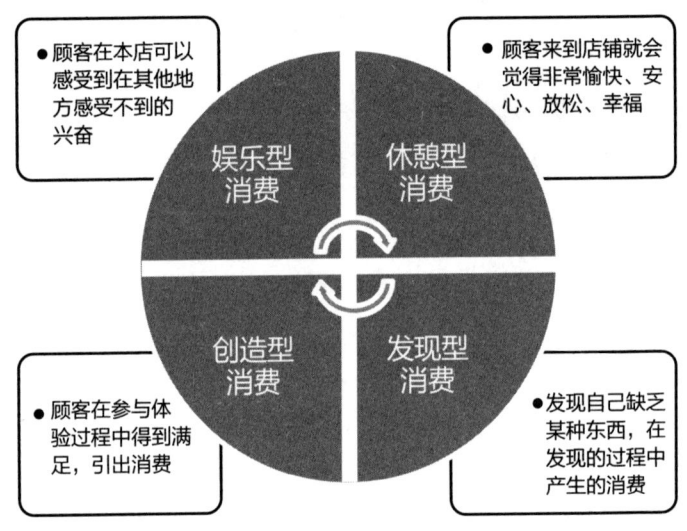

图 3.6　顾客消费的四种类型

只要用心，就一定能读懂顾客。

给顾客创造惊喜

雷军讲过一个关于海底捞的段子：

"顾客去海底捞吃饭,吃完饭人家上了一个果盘,果盘里装的是切开的西瓜,顾客没吃完,结账的时候就问服务员能不能带走,服务员说不能带。其实很多餐馆都说是不能带的。结果,结完账以后这个服务员送了整个西瓜给顾客,说切开的西瓜带回去不卫生,还是送顾客整个西瓜卫生。"

能将服务做得如此用心、如此超出顾客的期望值,顾客自然会感到惊喜,会念念不忘,也会主动将商家的良好口碑传播出去。

同顾客的喜好、情感结合起来

如果实体店商家能将店铺的经营元素和顾客的爱好巧妙结合起来,比如提供让顾客喜欢的图书、音乐、手工等,让顾客陶醉其中,难以自拔,自然能够让顾客喜欢上小店,流连忘返。

同样的连接,还有情感,如果店铺提供的产品和服务在顾客的情感经历中留下印记,那么显然会在顾客心中留下浓重的一笔,会给他们留下最美的回忆和深深的好感。比如,顾客和初恋第一次购物、第一次用餐的地方都会给顾客留下深刻的印象。所以,如果商家能将自己的店铺打造成"约会必去"的"爆款",自然会吸引无数情侣前去消费,最终形成一个循环往复的闭环。

去中心化时代,将场景营销做到极致

中心化(centralization)和去中心化(decentralization)就是集权与分权,是集中与分散。

比如,在传统课堂上,老师一个人在讲,所有的学生都在台下听,这就是中心化;而新型的课堂,比如英语角和开放式的MBA课堂,大家都可以讲话,每个人都可以选择听或者讲,这就是去中心化。

随着互联网尤其是移动互联网的发展,顾客消费模式再也不受时空的限制,导致传统的商圈、消费渠道由中心化到去中心化,由集中到分散。

去中心化的商圈

城市化的突飞猛进,使得城市商圈进一步成熟和扩散,各种 CBD(中央商务区)商圈、城市中心商圈、副中心商圈、区域中心商圈不断涌现出来,直至街道商圈、社区商业,商圈从地理上已经被充分碎片化,进而,顾客的选择无限增多,也被无限分散。

去中心化的渠道

以往,顾客要装修房子,通常要去建材市场购买原材料。如今,形势完全变了,顾客的消费渠道变得更多,比如,顾客可以去装修公司的材料馆,也可以去各种品牌专卖店,更可以去天猫、京东、淘宝等电商平台,还可以去各种品牌的 O2O 体验店购买所需材料。

去中心时代,顾客再也不会集中选择某一个或几个渠道,谁也把握不了他们会在什么时间选择什么渠道去消费。

去中心化的品牌

过去,每个领域都有各自的核心品牌。买电脑,有联想、戴尔、惠普;买手机,有苹果、华为、三星;买运动服,有阿迪达斯、耐克、李宁……

如今的消费环境，各个细分领域的品牌无限增加，各种传统品牌、网络品牌、自品牌争奇斗艳，而顾客也不会忠于某几个品牌。更何况，年轻一代的顾客更追求个性，品牌倒在其次。

营销环境的移动化、碎片化

随着智能手机越来越高的普及率，以及人们对智能手机越来越强的依赖性，整个消费环境都呈现出移动化的特征（见图 3.7）。

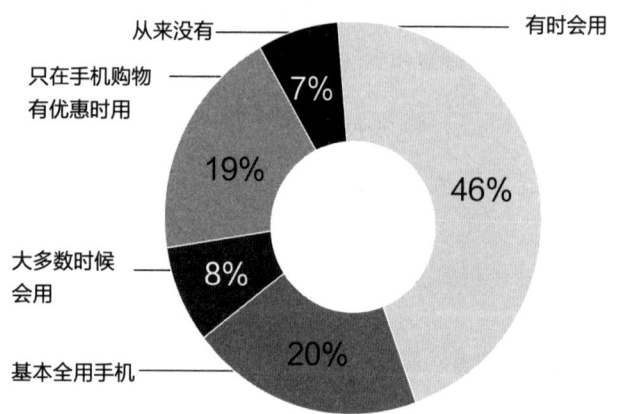

数据来源：经济学会企业高管组织与AdMaster联合调研，2016年1月

图 3.7　顾客移动端购买详情

消费的碎片化特征也越来越明显。在移动互联网时代,每个人都是移动终端,都是消息源,都是自媒体,各种新媒体和传统媒体在不断分散顾客的注意力,这使得顾客的消费行为在需求、地点、时间上都呈现出碎片化趋势。

顾客在时间和空间上被最大限度地分割,顾客看不见了;消费市场也被无限分割、分散。在这种情况下,实体商家必须将场景化营销做到极致,做得更彻底,以增强对顾客的吸引力,增强消费黏性。

比如,很多快餐店的优惠形式无非是纸质优惠券、电子优惠券或会员优惠等。

那么,有没有办法让顾客使用优惠券这一场景变得有趣?让顾客印象更深刻呢?

麦当劳进行了新的尝试,在推出新产品"忘形麦辣鸡翅"时,抛出了一个狠招——顾客不仅出示麦当劳的优惠券可以获得相应的折扣优惠,出示其他品牌的鸡翅优惠券也可以获得优惠。

以至于在麦当劳可以看到这种消费场景——

顾客手持肯德基优惠券去麦当劳消费,真的享受到了优惠。

这一招,大大激发了顾客使用优惠券时的乐趣和好奇心，使得他们更乐意去体验麦当劳的新产品。

场景营销本质上是一种体验营销，让一切都具有体验感，让顾客感到愉悦，产生黏性，形成口碑，其前提是商家所营造的消费场景，要对顾客具有无与伦比的吸引力。

第4章　服务精进

——让顾客"更近一步"

在顾客至上的时代，做好服务，即是营销！

顾客表情指数与顾客满意度

去商场消费时,我们都有过这样的体验——

在付款走出商场时,如果购买的商品很超值,自己很喜欢,性价比非常高,内心通常很激动,相应地,脸上通常也是带着满足的表情;相反,如果商品本身没有太多打动自己的亮点,是在犹豫不决的情况下做出的购买决定,走出商场时,脸上则会表现出有些肉疼、有些烦躁、有些后悔的表情。

对于这种现象,名创优品创始人叶国富发明了一个新词——顾客表情指数。

叶国富特别喜欢在旗下门店观察顾客行为,经过长期观察,他发现——顾客挑选物品并在收银台付款后,到走出门店那段时间的面部表情,实际暗藏玄机,如果这时候顾客一边翻看购物袋里面的物品,且面露喜色,说明他们对此次消费比较满意;如果他们面露难色,甚至于流露出纠结烦恼的表情,这说明他们对此次消费经历不甚满意,甚至于感到后悔。

在叶国富看来,实体店经营最关键之处就在于洞察顾客心理,并设法去顺应他们的心理活动,满足他们的需求。叶国富称:"商业成败的核心,就是在收银台到门口这5步距离,顾客脸上的表情,顾客挑选商品伸手的那一刻,就决定一个企业的生死。"

顾客表情指数本质上反映的是顾客期望值的问题,如果商家能够满足甚至超出顾客的心理预期,则顾客是欢心愉悦的。反之,如果顾客的心理预期得不到满足,就会充满烦躁焦虑。

美国质量大师约瑟夫·M.朱兰在告别美国质量学会的演说中指出:"20世纪是生产率的世纪,21世纪是质量的世纪,质量是和平占领市场最有效的武器。"

质量管理界提出了质量管理的八大原则,其中首要原则就是"以顾客为关注焦点",关注顾客的首要任务是满足顾客的需求或期望,这些需求或期望构成了顾客对质量的要求。

实体店提供的产品、服务质量会直接影响顾客满意度,影响顾客表情指数。

产品、服务质量与顾客满意度是一对不可分割的孪生体,都是对顾客所需要的客观产品或服务的一种"质"的度量。通常来说,产品、服务的质量越高,顾客需求被满足的程度也就越高,顾客满意度就越高。反过来说,产品、服务质量越差,顾客的满意度也会越低。由此可见,产品、服务的质量与顾客满意呈正相关性。

基于顾客表情指数的期望值提升解决方案,叶国富提出了一个"四好理论"(见图4.1)。

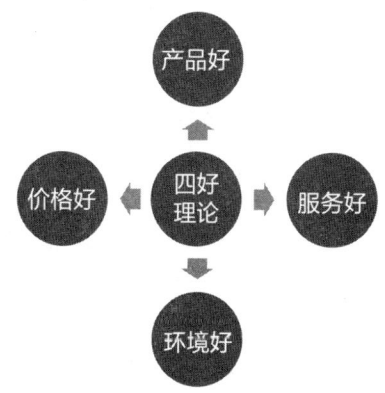

图 4.1　提升顾客期望值的"四好理论"

好的线下实体店完全符合以上的"四好理论",比如海底捞、外婆家,都开在黄金地段,环境好,服务到位,菜品精致,还是大众价格。

挑剔顾客的真实诉求

锤子科技 CEO（首席执行官）罗永浩曾写过一篇声讨中国航空公司的长微博，他声称自己在严格按照操作流程的情况下，又花 6000 元为已经购买了经济舱机票的母亲买了一张公务舱机票，然而在登机时，却遭到了机长的意外制止和恶意对待。

有些业内人士不以为然，认为罗永浩缺乏基本的民航常识。也有人认为，顾客花钱消费没有义务去了解什么相关领域的专业常识。

罗永浩则称自己的"刺头行为"是在帮助商家进步，社会也需要他这样的刺头。如果大家都委曲求全、得过且过，放弃了应该享有的权利和更好的享受，那么只会在浑浑噩噩中进行交易。

这些看法本身没有对错，只是看待问题的角度不同。

不过将这个问题放到目前整个消费大环境下，我们会发现一些值得重视的地方——

顾客的消费习惯正在改变，他们不再逆来顺受，不再"听话"，而是变得更加理性，更加成熟，充满个性；他们对服务、尊重、权益的需求日益高涨，且希望发出自己的声音，而不是对商家的一切宣传都被动接受、无动于衷，有时顾客甚至会伺机做出反击，比如罗永浩这样的"刺头"。

在互联网高度发达的今天，所有行业的顾客都在变得"日渐挑剔"，他们更专注于自己想要购买的产品与服务，并且会通过一切可能的方式变成"行家"，从而发现产品、服务的优势与不足。

无视这种趋势的商家，会受到惩罚。

面对惨淡的经营业绩，宝洁 CEO 大卫·泰勒曾在 2016 年公开承认错误：宝洁一直将中国视为一个发展中市场，而实际上中国已成为世界上顾客最为挑剔的市场。这种错误的认知，带来的直接后果便是顾客的大量流失。

麦肯锡咨询公司在访谈了中国 44 个城市的上万名顾客后，得出了同样的结论——中国顾客已经不再像以前那样不加选择、买到什么是什么了。换句话说，中国人在消费上越来越挑剔了。根据麦肯锡《2016 年中国顾客调研报告》显示：

> 国内顾客的挑剔集中表现在"对自己更好点"上，

他们已经不再满足于普通的产品,转为追求那些能让生活变得更美好的高端产品、休闲娱乐产品,以及享受型产品。

然而,顾客的挑剔只是表面现象,背后反映的本质有三点,如图 4.2 所示。

图 4.2 顾客挑剔背后的本质

挑剔的顾客带来了挑战,也意味着商机。如果实体商家能满足挑剔顾客的需求,其他顾客就更不在话下。

实体商家要抓住挑剔需求下的增长机遇,不要陷入"价格战"或"硬碰硬"的误区,真正以顾客体验为中心,通过增值服务和超高性价比产品来为顾客创造更多价值,才能赢得无缝零售之战,实现企业跨越式发展。

消费者主权时代,决定顾客去留的是什么

北京富基旋风科技有限公司董事长兼 CEO 颜艳春曾说过:"正如在工业文明时代,人们需要五颜六色的汽车,而福特公司却依然故我,只生产黑色的 T 型车。显然,许多制造商无情地'绑架'了消费者的需求。在后工业文明时代,消费者同样很是被动,每天都会收到一堆垃圾促销信息,被零售商'死缠烂打',而后者总是一厢情愿地推销其产品,无视消费者内心的自主诉求。"

在信息不对称时代,商家利用信息优势,无情蛮横地"绑架"了消费者的需求。

而现在,我们正处于迈克尔·扎克尔所描述的"超级用户时代",这个时代驱动商家运营和营销实践的不再是公司,而是消费者。

消费的权力天平已经倾斜,消费者主权时代来临。

消费者主权并不是一个新概念,它最早出现于现代经济学之父亚当·斯密的《国富论》中,1974 年诺贝尔经济学奖得主哈耶克也曾提出"消费者主权理论"。

消费者主权理论诠释的是消费者和商家（产品/服务提供商）关系的一个概念：消费者通过其消费行为本身来宣示个人意愿和消费偏好，这种行为就是消费者主权。换言之，顾客带着自己的意愿和偏好去选择所需要的产品和服务，于是，顾客的这些意愿和偏好信息就通过市场传达给了商家。

消费主权时代，顾客的权利主要表现在四个方面（见图4.3）。

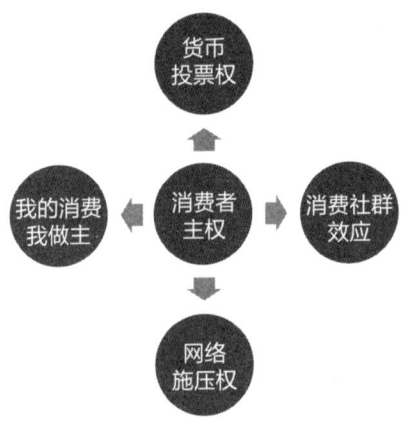

图4.3 消费者主权的四种表现

第一，我的消费我做主。顾客可以带着自己的意愿和偏好去选择所需要的产品和服务。

第二，货币投票权。顾客在市场上每花一元钱就等于拥有了一张选票，顾客喜欢某种商品或服务，愿意花钱消费，就等于向产品或服务提供商投了一票，这就是顾客的"货币投票权"。商家根据顾客的货币投票倾向，来了解顾客的消费习惯和消费动向，以此为依据，来选择适销对路的产品，来设计适合的服务模式。

第三，消费社群效应。以往，顾客的购买行为通常是个人行为。现在，顾客更喜欢征求自己社交圈子里的同事、亲友，听取他们的各类消费建议。每一个顾客都能形成自己的消费社群。社群效应带来的集群影响力，远远大于个体顾客的影响力。

第四，网络施压权。如今顾客会通过各种社交网络来分享消费体验，满意时是"各种晒"，不满时则是"各种吐槽"。这些信息可以在网络上迅速发酵，快速传播。一些网络大V和网络红人的影响力更是不容小觑，他们的转发评论能够形成二次传播效应，给商家带来巨大的影响（正面或负面）。

现如今，消费者拥有了充分的知情能力和自主选择权，也变得更聪明、更挑剔，他们不仅能够破解信息不对称，随意搜寻自己感兴趣的消费信息，而且还能自己制造信息，予以传播。消费市场的主导权已经从生产商、零售商、服务商转移到了消费者手中，他们强调的是"我的消费我做主"。

在消费主权时代,无论是产品销售还是服务提供,无论是零售商还是服务商都必须适应变化,以顾客为核心,尊重顾客的自主意愿和权利,主动参与竞争,否则关店危机将不再是危言耸听。

消费主权时代,决定顾客去留的既是顾客,也是商家。那么商家可以做些什么呢?

第一,不要试图去"说服"顾客。

顾客讨厌被说服和教育,正确的做法应当是,换位思考,研究顾客需求,具有同理心,揣摩他们的心理,设法去满足;对顾客进行家人、朋友式的温情关怀,感动顾客,温暖顾客。

第二,哪里有痛点,哪里就有商机。

要去观察并设身处地体会顾客的痛苦、不适、紧急、窘迫、难受,顾客的这些痛点,就是商家的机会。

比如,宜家的体验营销就崇尚以顾客需求为导向。顾客的遭遇、经历,甚至生活中的某个场景片段,可能都会影响其体验。因此,体验要以顾客需求为导向,只有先去了解顾客内心深处的想法,激发他们内心深处存在的东西,才能得到他们的回应。要站在顾客体验的角度去审视自己的产品和服务,震撼顾客。

第三，把产品和服务做到极致，将选择权交给顾客。

不要试图服务好所有人，圈好自己的目标顾客群即可。

第四，对顾客保持足够的敬畏之心。

商家很难做到让每一个顾客的每一次消费都满意，但要避免由于自己的"傲慢、粗鲁、无理、过失"而得罪顾客，更要绝对避免得罪顾客后的无动于衷。切记，在顾客主权时代，任何一个被冷落、被羞辱、被激怒的顾客都有可能借助移动互联网的力量，重创商家。

第五，努力为产品和服务保鲜。

在"90后"甚至"00后"成为消费主体后，他们无意识的喜新厌旧已经到了空前的程度，商家如果不革新，不与时俱进，必定要被他们冷落，乃至遗忘。

第六，以人为本的体验空间。

商家应致力于将店铺打造成充满人文关怀的体验空间，从视、听、嗅、味、触"五觉"出发，合理规划店内空间、动线走向、区域布局等，为店铺注入更多的时尚因素、主题色彩、文化特色、生态元素等，做到与时俱进、常变常新，打造真正让顾客喜欢的店内空间。

从"产品思维"到"顾客思维"的转变

传统经济中的商业模式基本都是为了赢利，是一种赢利模式，有些企业有"客户（顾客）是上帝"的意识，但也只是针对那些付费的顾客。在体验经济时代，企业上至管理者，下至店员、营销人员，都应转变思维方式，重新定义"顾客思维"——只要是企业产品或服务的使用者，那就是上帝，无论他们付费与否。

传统经济中的顾客思维，对应的是产品思维。

产品思维，是指针对顾客的特定需求，用产品的形态来满足顾客需求的一种商业思维模式。其显著特征是，多维度的经营思路经过梳理后，最终被聚焦在某款特定的产品上，力求以该产品的新颖性、实用性、便利性为卖点，在最大限度上，满足更大范围内顾客不断增长的物质和文化需求。因此，产品思维有三个明显特性（见图4.4）。

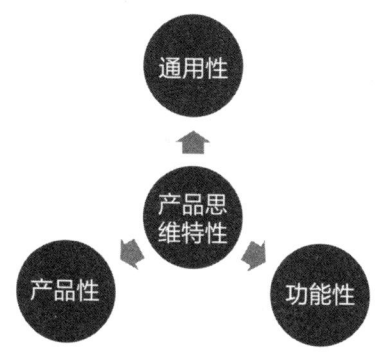

图4.4　产品思维的三个特性

第一，产品性。基于特定产品来实现企业价值。

第二，功能性。产品的功能会尽可能强大，以便最大限度满足顾客的需求。

第三，通用性。产品的通用程度会比较高，以满足更多顾客的需求，覆盖更广泛的市场。

产品思维是传统经济时代的思维模式：共性化、统一化、标准化、规模化，有利于生产力水平的提高。而经流水化生产线打造出的大批量产品，可以降低成本，增强企业竞争力。

产品思维主导下生产出来的产品,很难满足顾客的个性化需求,因为,商家的关注点在于产品,在于产品功能最大化、生产成本最低化、顾客数量最大化。这种诉求,必然无法满足顾客的个性化需求。

在体验经济时代,顾客的诉求变了,眼界提升了,他们越来越喜欢追求差异化、个性化的产品和服务,排斥千篇一律的标准化、统一化。顾客思维应运而生。

顾客思维关注的是"人",是一个个鲜活的顾客,而不再是"物",不再只是产品。它的聚焦点由产品、市场转移到了顾客身上,是切实围绕顾客的核心需求和顾客痛点,用心去满足顾客需求、消解顾客痛点的一种思维模式。在这种思维模式下,商家多维度的经营思路经过梳理后,最终被聚焦于顾客本身——旨在从产品、服务、文化、精神和思想等各个层面,满足顾客不断增长的个性化、差异化物质和精神需求。顾客思维也有三个明显特性(见图4.5)。

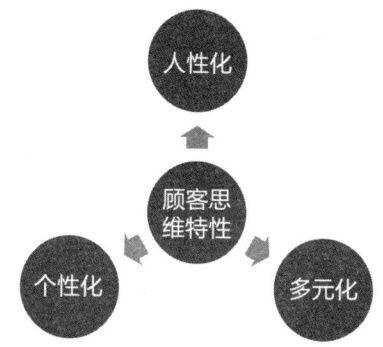

图 4.5 顾客思维的三个特性

第一,人性化。顾客思维是基于特定顾客,直接体现对顾客的关怀、友爱、信任、尊重及成就等人性元素。

第二,个性化。满足顾客的个性化、差异化、小众化需求,不再局限于大众化需求。

第三,多样化。从多个层面,以多种形态来满足顾客需求。商家提供产品、服务仅仅是其中的一个形态,只是物质的层面,还需要对顾客的文化、情怀、精神和思想层面上进行满足与关怀。

在顾客思维主导下的商家与顾客关系中,顾客得到的不仅仅是物质层面上的满足,更有精神、文化和思想层面的满足。顾客思维的真谛是让顾客在消费过程中，开心、愉悦，物质上有收获、思想上有提高、精神上有升华。

顾客思维强调体验至上。好的顾客体验应该从细节开始，贯穿于消费过程的每一个环节，并且能够让顾客有所感知，能给顾客带来惊喜。

在过去，商家把产品销售给顾客，拿到回款，通常就希望这个顾客最好不要再来麻烦自己。而在顾客体验为王的时代，产品销售出去，顾客的体验之旅才刚刚开始。须知，比广告等各种营销手段更重要的，是顾客在使用产品时的感觉。如果产品在体验方面做得好，顾客使用它的时候都能感知到商家的存在，这意味着该产品每天都在产生价值。就好比我们很少看到苹果公司做广告，但苹果手机一旦推出新品，便有无数顾客争相购买。

根据马斯洛需求层次理论，显然"顾客思维"可以满足更高层次的人需求，这也是互联网经济时代的主流思维模式。

商家需要用"顾客思维"去考量价值链的各个环节，真正建立起"以顾客为中心"的商业文化，只有深度理解顾客才能生存。

提供有温度的服务

先看一个台湾友人的真实经历：

这名台湾友人 20 世纪 80 年代来大陆旅游，一到北京就被吓着了：他去商场购物，发现贴在墙上的"优秀营业员工作标准"，第一条竟然是"不打骂顾客"。他百思不得其解，售货员见他长时间待在商店还不买东西，便使劲瞪了他一眼，他只觉得一阵透心的寒意袭来，赶紧落荒而逃，很长时间都不敢再来大陆。

三十年河东三十年河西，那时，顾客如果能看到商店营业员的展颜一笑，恐怕当场就会感到受宠若惊。而如今，服务人员微笑神态不标准，都有可能遭到顾客的投诉。

无感情、冷冰冰的商业是特定时代的烙印，早已一去不复返。

今天，顾客需要的是有温度的商业、有温度的服务。实体业是以人为本，应需（顾客对温情商业、温情服务的需求）而生，因为满足顾客的心理需求而被需要，才能得以持续发展。

构建有温度的消费环境

在移动互联网时代,所有顾客都是信息的制造者和传播者。商家需要精准掌握顾客需求信息,提供贴合顾客需求的"有温度"的产品和服务,提供有温度的消费环境,做电商所不能做。

例如,红星美凯龙首创性地提出了"实体赋能互联网"的概念,总裁李斌表示:"门店是我们的体验中心、服务中心,也是未来我们最精准流量的最大的入口,通过实体店为线上平台多领域扩张赋能和用户积累赋能。"

李斌称:"最终我们是以实体门店为核心服务用户,让体验更有温度,让服务更专业、更人性化;同时通过互联网平台和技术工具,让用户的选择更丰富,参与更便捷;线上线下一体化融合、相互赋能,建立无缝衔接的服务闭环,真正迎接品质消费时代的到来。"[1]

线下如何为线上赋能?依靠的是有温度的消费环境、有温度的体验(见图4.6)。

---

[1] 内容出自"李斌关于红星美凯龙'1001'战略"的演讲全文.

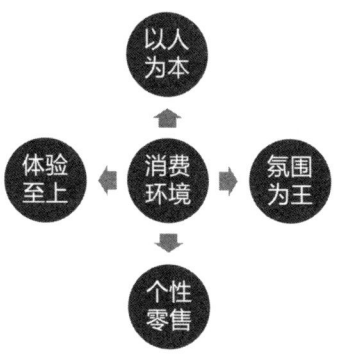

图 4.6　消费环境"温度"四要素

把内心的温度外放,构建一个有温度的顾客环境,让顾客的心情更愉悦,应是实体店经营的基点,也会让商品与服务更具不可替代的价值。

提供有温度的服务

有温度的商业,离不开有温度的硬件、有温度的消费环境,更少不了人的因素,离不开人为的温情服务。实体店商家需要"斤斤计较",随时随地强调"人"的方便性,将人性化融入服务之中,才能让更多顾客看得见、摸得着、感觉得到。

高级酒店及度假村品牌丽思卡尔顿,创立于 1927 年,业务遍及 24 个国家的主要地区。这家酒店最让人津津乐道的一个特质,就是堪称惊艳的"有温度的服务"。

为了确保每个客人都能享受到有温度的服务,丽思卡尔顿全体员工,上至总经理、高管,下至一线员工,每个人都随身携带一张信条卡,卡片上有这样的描述:"以客户得到真诚关怀和舒适款待为最高使命,承诺为客户提供细致入微的个人服务和齐全完善的设施,甚至还能心照不宣地满足客户内心的愿望和需求。"

不论身处酒店的任何位置,都会有很多工作人员随时响应客人的需要,根本不需要等到客人开口,工作人员便会主动接过行李,帮忙寄存或者送到客人房间等。另外,酒店办理入住及退房非常高效,几乎每位入住过的客人都对酒店非常满意。

实体商业是顾客和经营者的一次美丽邂逅,温度应无处不在。充满温情的服务来源于情感(见图4.7),是顾客从进入消费环境后所碰到、摸到、看到、闻到、听到的所有信息经过大脑加工处理后的综合反馈。

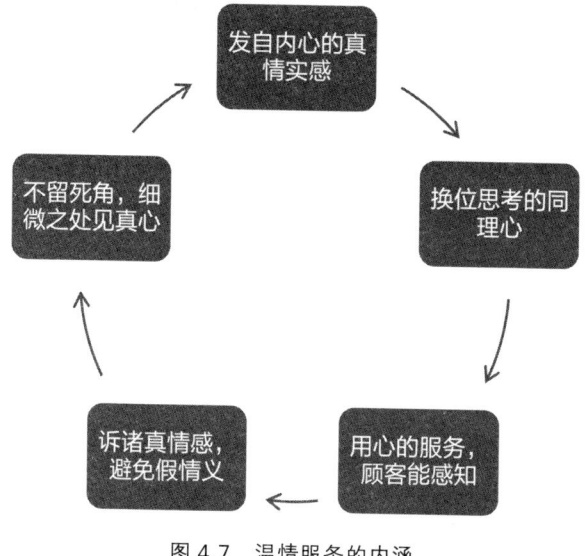

图 4.7 温情服务的内涵

给顾客充分体验的空间

在国内,很多家居店并不允许顾客在样品上体验,担心顾客将样品弄坏,或者弄脏等;但是宜家却鼓励顾客在卖场内随心所欲地进行全面的体验,比如拉开抽屉、在地毯上走走、在沙发上坐一坐试试沙发是否舒适,甚至允许顾客长时间躺在卖场的样品床上休息。

另外,宜家的店员不会像其他家居店的店员一样，顾客一进门就对着顾客喋喋不休，顾客走到哪里他们就跟到哪里，而是非常安静地站在一边，除非顾客主动要求店员帮助，否则店员不会轻易打扰，给顾客私人体验空间，让顾客能在一种轻松、自由的气氛中做出购物的决定。同时，宜家这样做，也代表卖场不需要太多的店员，减少了运营成本。

第 5 章　超出预期

——提升顾客满意度的激励式体验

为顾客提供超预期的激励式体验，是线下实体店体验营销的本质所在，也是实体店核心竞争力所在。

发现顾客潜在需求，提供超预期体验

好市多（Costco）是美国最大的连锁会员制仓储量贩店，成立以来即致力于以可能的最低价格提供给会员高品质的品牌商品。目前好市多在全球7个国家设有超过700家的分店。2015年，好市多成为全球排名第二的零售商，成了沃尔玛强劲的敌手。

媒体人金错刀对好市多的评价是："'好市多'这么多年所向披靡的最重要原因就是抓住了零售的本质：商品做到极好，价格做到极低，服务做到超预期！这样的零售商能不爆吗？电商能颠覆吗？"

好市多的成功之道在于为顾客提供了超预期体验，这是值得国内线下零售商学习的地方，也是实体店应该塑造的核心竞争力。

通常，如果顾客对某项产品或服务的期望值过高，而实际消费未能达到他们的期望值，结果就会造成落差，会给他们带去负面的、痛苦的体验。

因此，如果商家提供的产品服务达不到顾客的期望值，就会给他们带去消极的体验；相反如果顾客在消费中能够得到超预期体验，他们就会因此而兴奋、尖叫。

海底捞火锅以提供极致的服务而闻名，其服务极致之处就在于超出了顾客的心理预期。比如——

在排队用餐的时候，顾客可以享用免费的饮料、水果、点心，还可以享受免费擦皮鞋、美甲的服务；

顾客坐下后，服务员会拿来手机套，菜可以点半份，饮料可以免费无限制续杯，就连上洗手间都会有专人服务，递洗手液、纸巾……

海底捞的极致服务，超出了顾客的期望值，让他们流连忘返，甚至自愿做海底捞的免费宣传员，口碑相传。

如何才能为顾客提供超预期体验呢？

需要商家去深度了解顾客。这么做的目的在于发现他们的诉求，发现他们的潜在需求。从某种程度上讲，找不到顾客的痛点与诉求，也就找不到营销和销售的切入点，难有成交机会。

所谓诉求，简单来讲，就是顾客的需求点。在需求点基础上，才能进一步发掘自己的产品和服务能够满足顾客的哪些需求点、诉求点。

顾客需求可以分为显性需求和潜在需求。

显性需求又名基本需求,是顾客可以明确感受到并可以表达出来的,可以进行针对性满足的需求。

举例来说,顾客饿了,商家给他们提供饮食,这就是满足了顾客的显性需求。通常,当顾客的显性需求被满足时,他们并不会有太大的反应,这种满足仅仅限于基本的生理层面。但如果这种显性需求不被满足,人们就会感觉到非常痛苦。

潜在需求指的是顾客不能准确表达的,但是存在于其内心的深层次诉求,且往往有着感情化的倾向。

继续上面的案例,假设顾客饿了,某餐厅给顾客提供一顿大餐。顾客饱餐后,餐厅又免费提供一杯饮品。其实不提供,顾客也说不出什么,因为餐厅提供的餐食已经满足了他们饥饿的生理需求,而口渴只是顾客的潜在需求,即使得不到满足,他们也不会抱怨。不过,当这种潜在需求一旦得到满足,就会超出顾客期望值,这样,他们就会感觉到兴奋,会惊讶,会尖叫。

想要更精准地发现顾客的潜在需求,实体商家要具备一双善于发现的"眼睛",关注顾客的抱怨,观察顾客不经意的行为模式，具体可以参照以下步骤：

第一步：观察顾客。仔细观察顾客在移动互联网时代会遇到什么样的烦恼、不便和麻烦，你能怎么解决这些烦恼、不便和麻烦，怎样给顾客带去更为简洁、更为便捷、更为省时、更为低价的解决方案。

第二步：融入顾客。把自己当作顾客，加入顾客的群组，去倾听，去发现顾客的抱怨、要求，听听顾客自己渴望的解决方案。

第三步：换位思考。把自己彻底装扮成目标顾客，去模仿他们的生活习惯，去使用、体验顾客的生活情境，以同理心去模拟顾客的消费场景。就好比宝洁公司的产品研发人员会同顾客一起生活十余天，近距离观察顾客的行为模式和潜在需求。

第四步：邀请参与。必要情况下，可以让顾客参与产品、服务的配置、设计，以凸显他们被隐藏的真实需求。

第五步：做出模型。根据上述步骤得出的结论，尽快做出一个产品或服务模型来，让顾客进行试用或体验，及时发现并解决其中存在的问题，完善产品和服务，快速反应。

为顾客解决问题，让顾客受益

开店做生意，首先要让顾客获益，为他们解决问题，给他们创造价值，这样商家的财富和收益才会自然而然，水到渠成。

"我看到的所有创业者的成功，其实都或多或少解决了社会上某个问题，提升了价值，做得更高了。我相信任何一个创业者创建自己公司的时候，都应该想想你是在解决这个社会的什么问题，你的商业模式、你的公司在创业中是否有很多很好的主意。有很多创业者跟我聊天，讲得眉飞色舞，特别兴奋，讲到最后我就问他：你这个看似很完美的模式，解决了什么社会问题？能给社会带来什么价值？或者说你能够为你的用户带来什么价值？能够为你的行业带来什么价值？

"如果带来不了，迄今为止我还没看到任何一个创业者能够把公司做成功。大家再看下京东做所有业务其实都（是）一个逻辑，都必须是在某个行业、某个细分领域发现了问题，问题就是机会。"

这是刘强东在中央人民广播电台《经济之声》做节目时，谈到的他对创业成功的解读。这段解读对实体商家来说很有指导意义，实体店在经营过程中，同样需要带有"问题思维"。

1998年，刘强东带着1.2万元积蓄，到中关村租了一个4平方米的柜台。

那时候中关村很多商家做生意有一个模式，老板对员工的培训基本都是如何去欺骗顾客，刘强东觉得这注定是不对的，终究有一天这种混乱的情况会改变。

刘强东在开柜台的第一天，就实行所有商品明码标价、所有商品都开正规发票的措施，这在中关村市场是开天辟地头一回。在他的柜台上，不接受顾客讨价还价，因为所有的商品都是正品行货，所有的商品都可以开具发票，给予质保。

在那个年代，刘强东的做法与别人格格不入，很多人想尽一切办法，如何把1元钱的东西2元钱卖出去，3元钱卖成6元钱，甚至变相欺骗。

这种欺骗发展下去，顾客就失去了对商家的信任。总是带着警惕和防骗的心理去消费，这给顾客带来了障碍，也无形中增加了商家的成本。

这就是问题！谁能把这个问题解决，谁能满足顾客的真实需求，谁能消除顾客的顾虑，谁就可以取得成功，非常简单。

刘强东解决了这个问题，很快脱颖而出了。

到 2003 年，刘强东已经在国内拥有了 12 个店面，个人资产也首次突破 1000 万元。

怎样去解决顾客问题呢？

首先要明白问题在哪里，明白顾客的需求在哪里。

当然要能够准确地回答这个问题，不是一件简单的事。因为它不是一个孤立的问题，而是很多问题的一个集合——

◆你的潜在顾客群是谁？

◆他们都有怎样的特征？（性别、年龄、收入、教育背景、居住地区、兴趣、婚姻等。）

◆你可以在哪里找到他们？

◆他们有哪些共通的问题？

◆你帮他们解决的又是其中哪些问题？

◆你如何确定这些问题实际存在？

◆这些问题有多么困扰他们？

◆他们愿意付钱解决这个困扰吗？

◆在没有你的产品／服务之前，他们都如何解决这个问题？

◆原本的解决方案的优点是什么，缺点又是什么？

◆人们都花多少钱在这些原本的解决方案上？

◆你知道什么事情是原本那些解决方案提供者所不知道的？

◆为什么原本的解决方案提供者不知道这些事情？

◆为什么原本的解决方案提供者不修正他们的缺点？

◆这个问题是因为使用了某个产品/服务而造成的吗？

◆这个产品/服务的生命周期如何？

◆能够等待/支撑你的解决方案吗？

商家只要不断地质问自己这些核心的问题，真正理解顾客所需，经营模式就会越来越清晰。未来实体店的角色，更多的是在扮演一个解决方案的提供者。

让顾客乐于等待

顾客去实体店消费，往往需要等待。

等待对实体店来说是个好现象，说明其产品和服务值得期待；但对大部分的顾客而言是一种煎熬，一种对时间、精力的消耗。

无视顾客等待时的痛苦，势必造成部分客源流失。实际上，顾客的等待时间会直接影响顾客等待时的心理和体验，是可以被有效管理控制的。

早在1955年，就有专家对顾客排队等待时的心理进行了实验主义研究；1984年，大卫·梅斯特对排队心理做了比较全面的总结和研究，他提出了被广泛认可和采用的顾客等待心理八条原则，如图5.1所示。

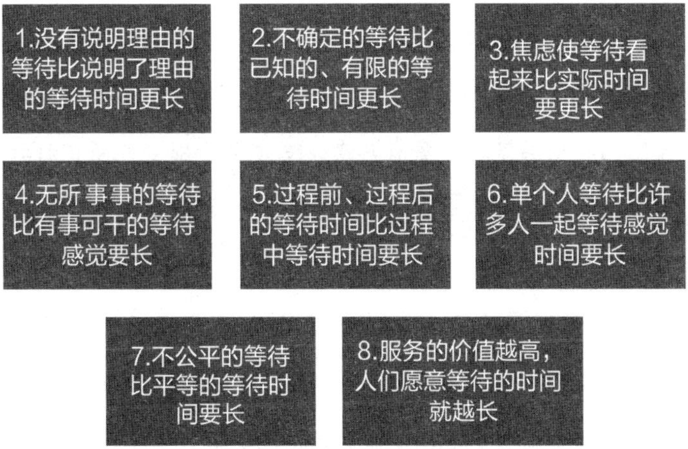

1.没有说明理由的等待比说明了理由的等待时间更长	2.不确定的等待比已知的、有限的等待时间更长	3.焦虑使等待看起来比实际时间要更长
4.无所事事的等待比有事可干的等待感觉要长	5.过程前、过程后的等待时间比过程中等待时间要长	6.单个人等待比许多人一起等待感觉时间要长
	7.不公平的等待比平等的等待时间要长	8.服务的价值越高，人们愿意等待的时间就越长

图5.1 顾客等待心理八条原则

顾客的这些等待心理，为商家提供了优化等待过程的空间——

让顾客等待时间变得充实

无所事事的等待比有事可干的等待要漫长。通过充实等待时间，可让顾客将注意力转移到别的活动上，等待的焦灼感就会明显降低。

在顾客等待过程中，商家可以提供一些附加服务，让顾客有事可做，消除等待过程中的无聊感。

来看一个去海底捞消费的顾客的描述——

一次，我和朋友慕名而去，可是一去，说要等，我们怀着一丝侥幸来到了等待区的二楼。老天！二楼走廊的两侧已经坐满了人。更有甚者，支着凳子围成一圈在打扑克。店家的服务挺周到，马上摆了一盘炸虾片、一盘切好的橙子和两杯豆浆。

我是个急性子，不过也很快找到了消磨时间的方法，看服务员发的海底捞火锅店自办报纸，还可以玩拼图。服务员说："拼出来店家有奖品的。"虽然等待看起来遥遥无期，不过有了事情做的我马上从无聊中解脱出来，专心于那小小的拼图上了。拼了20多分钟，我竟然拼出来了，还真的得到了豆花的奖品，算是对我等待的补偿吧。

之后，我认真地观察，发现等待区规模之大、花样之多，差不多颠覆了一般餐厅的概念。等待时，热心的服务人员会送上西瓜、橙子、苹果、花生等水果和炸虾片等各式小吃，还有豆浆、柠檬水、薄荷水等饮料，顾客还可以上网、玩牌。

更令人惊喜的是，女士可以享受免费修理指甲，男士可以免费享受擦皮鞋等。一位女士在大家等待美甲的时候，不停地更换指甲颜色，反复地折腾了大概5次。一旁的其他顾客都看不下去了，为其服务的阿姨依旧耐心十足。

排队等位成了海底捞的特色和招牌之一。火爆的海底捞，难忘的等待，让客人都心甘情愿地一等再等。

去过海底捞的朋友应该知道这位顾客所言不虚。海底捞的种种做法，在最大程度上缓解了顾客等待时的无聊、烦躁，甚至还让这个等待过程变得充实、有趣，增加了顾客黏性，提升了企业的口碑。相应地，顾客的回头率大大增加。

提供等待信息

不确定的等待会让顾客觉得时间漫长。不断向顾客提供等待信息，是降低顾客负面体验的有效措施。

比如，银行大厅的排号服务，会即时显示排号的进度，这样顾客跟自己手中的号码进行对照，就能清楚了解自己所处的位置；再比如，某饮食店的外卖窗口，会及时通知食品出炉的时间、数量，让顾客在等待的时候心里有谱。

提升服务效率

等候顾客较多时，商家相关服务人员要提升工作效率，缩短单人服务时间，缓解顾客排队等候之苦。否则，顾客那边等得焦灼万分，服务人员却依然四平八稳、不慌不忙的，会让顾客更加烦躁，甚至可能因此和服务人员发生冲突，给商家带来负面影响。

借助口碑传播提升顾客体验

前文讲过,顾客的消费过程遵循"漏斗模型",在这种模型下,顾客从"关注—兴趣—渴望—记忆—购买"完成一次消费过程,随着购买行为的做出,消费行为也告一段落。

在口碑传播之下,顾客购买之后,消费行为并没有结束,顾客会通过各种线上、线下途径来分享自己的购物体验,形成口碑传播效应(见图 5.2)。

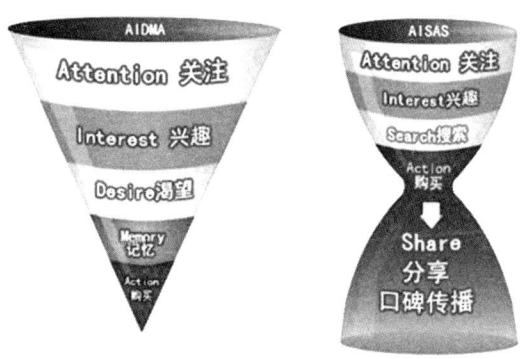

图 5.2 传统消费漏斗模型(AIDMA)和口碑传播下的消费模型(AISAS)

口碑营销的要点

1. 口碑有正负之分

口碑有正负之分，对消费过程感到满意的顾客会和人们谈论或在网上发布积极的产品使用感受，不满意的顾客则会发布负面经验或信息。在网络社会，这种口碑传播的速度和效应都会呈几何级扩散，在网络口碑产生过程中，顾客主动处理信息并转化为自己的语言或方式来表达满意或不满意，这是一个持续的内部沟通的过程。口碑输出，是顾客体验一个产品或服务而触发了其自身沟通的产物（见图5.3）。

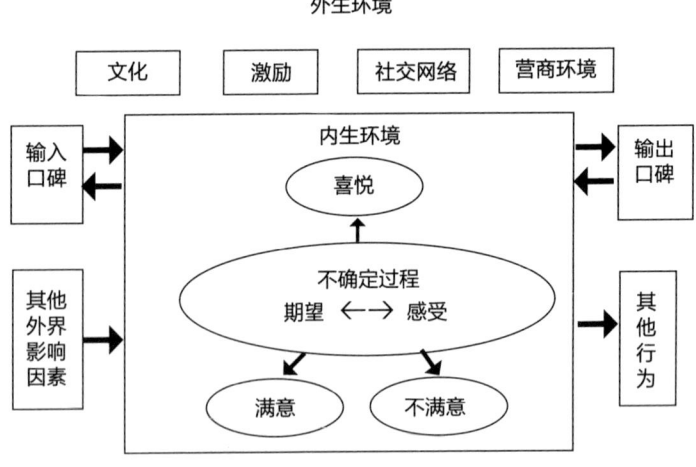

图 5.3　网络口碑的扩散路径

一位顾客的口碑传播,会影响更多的顾客。正面口碑会说服更多的潜在顾客来消费,负面口碑则会对商家产生不利影响。所以商家要经营正面的、积极的口碑。

2. 好的产品/服务是正面口碑的本源和发动机

菲利普·科特勒认为,"只有卓越的用户体验才能激发用户正面评论(正面口碑)",这是口碑营销的基石。

好的产品/服务就是正面口碑的出发点,是顾客所有后续行为的基础。产品/服务的品质是1,口碑传播都是它身后的0,没有1,0将没有任何意义。甚至,在产品/服务存在瑕疵的情况下,盲目进行口碑营销,只会带来更大的负面口碑风暴,让商家难以承受。

3. 付诸真诚的情感

客观地说,中国的顾客是很容易被感动的,商家只要用心服务好顾客,顾客就会想方设法去回报商家,其中最重要的方式便是口碑相传。

《影响力》一书中提及的互惠原理反映的就是这个道理:人们在接受了别人的帮助与关怀后,如果不回报会有歉疚感,这种歉疚感就会通过口碑推荐的形式去回报给商家。

4. 培养发烧友,培养种子用户

什么是发烧友和种子用户?

雷军的答案是——

"真正的发烧友关注什么?一言蔽之:新奇特、高精尖。产品在某一方面做到极致,就自然能得到发烧友追捧。这就是小米手机从诞生起就一直追求高性能的原因。只要性能突出、个性鲜明,就一定会有人爱。最初爱你、赞赏你的,就是核心种子用户。这些发烧友是人群中的意见领袖,而在消费电子行业中,意见领袖的评价对普通用户的购买决定有很大的影响力。"

商家需通过极致的产品、极致的服务和极致的消费体验,来打动发烧友,培养种子用户,再由他们来借助各种社交媒体进行口碑传播,口碑营销才能取得成功。

口碑营销就是让顾客口口相传

口碑营销的最大特征是可信度高,顾客口口相传的信息渗透率高、达成最终成交的可能性更大。有研究称,接近 20%~50% 的消费决策背后,其首要影响因素是商家的口碑,尤其是在顾客进行首次购买或产品相对价值较高的时候。

口碑营销主要有成本较低、可以建立品牌忠诚、有助企业形象提升、针对性强、可以吸引潜在顾客、可信度高、亲和力强七大优势(见图 5.4)。

图 5.4 口碑营销的七大优势

口碑传播要想进行得更快、更广、更好,而又可以让顾客"自然、发自真心"地去进行传播，商家需要做到以下几点：

◆让每一个消费者对产品、服务留下好印象，不留死角。

◆让消费者更容易碰到适合传播的场景和事件。

◆让消费者更容易记忆和表述曾经体验过的产品、服务的美好印象。

◆让接收口碑传播的一方能易于接受、理解和记忆信息，更容易转化为实际客户。

人们买了一件新衣服，感觉这件衣服很漂亮、很划算的时候；人们享用了一餐美食，心情舒畅的时候，就会情不自禁地向周围的朋友推荐。口碑营销，其实就是让顾客口口相传。

美国有家名为 Flying Pie 的比萨店，该店每周都会确定几个人名，比如"Jack""Rose"，叫这些名字的幸运顾客，会被邀请到店里的厨房制作自己的免费比萨，每天五个名额，制作现场会被拍照并发布到网络。

幸运名字又怎么选呢？Flying Pie 会请每个参加过活动的人提供名字，并通过投票的方式来确定下一周的幸运名字。

顾客提供的通常是自己身边亲朋好友的名字,并会将这种信息传递给他们,这样,关注比萨店的人群越来越多。

而商家为此付出的成本并不高,很多被选中的客人由于工作繁忙,并不会来体验免费活动,但这并不影响他们四处帮忙传播 Flying Pie。

Flying Pie 的聪明之处在于将目标客户群体织成了一张网,通过口口相传的方式让客人带着客人来。

口碑营销还有一个特殊之处,假如顾客向别人推荐了某种产品或服务,并得到了对方一个积极的反馈,那么该顾客会加深对自己之前消费行为的良好体验,在面临同样的消费需求时,该顾客还会选择之前的商家。

满足顾客不断变化的新需求

今天,实体商业最大的竞争对手并非同行,也不是线上的电商,而是不断变化的顾客需求。通过降价来吸引眼球的促销方式可能会快速提高销售额,但它并非长久之计,也非良性发展之策。实体商业发展的根本之道在于坚持消费导向,抓住顾客的需求变化,及时更新产品或服务。

但顾客的需求是什么?怎么发现、跟踪、把握顾客不断变化的新需求?显然,发现是满足需求的前提,这一点或成为实体店的核心能力。

第一,通过数据分析提炼顾客需求。可通过网络、室内定位、客户关系管理(CRM)系统等技术手段抓取大数据,并通过计算和分析顾客的进店频率、逗留时间、喜爱的品牌、业态、消费金额、消费偏好等数据,为尽可能多的顾客打上"数字化标签",从中发现顾客需求。

这是商家发现顾客需求的有效手段,但也有一定的局限性,适合规模大、集团化运作、实力强的线下商业机构,不太适合中小实体店、个体商户。

第二,通过和顾客交流总结需求。对于店里的顾客,尤其是回头客、VIP会员等,商家应在日常接触中给予更多的关注,在日常沟通聊天中要积极去获取顾客的各种信息。

如果实体店商家能够发动一线店员,甚至经营者亲自去收集顾客信息,那么,就不难获得包括顾客喜好、家庭人口、收入状况甚至是口味偏好、饮食禁忌等许多信息,而且,这样得来的信息,会比问卷调查获得的信息更丰富也更真实有效。如果把这些信息录入系统、适时更新,商家就能精准抓住顾客需求,能更好地进行精准布局、精准调整、精准营销、精准服务。

第三,通过顾客的吐槽、抱怨来识别需求。2015年,同程旅游曾发起一场招募"首席吐槽官"的活动,吸引了社会的广泛关注。该活动的宣传口号是"动动嘴皮子,找找吐槽点,提提小建议,出去旅旅游,就能轻松赚百万"。活动目的是让用户来告诉同程哪些做得不够好、哪些地方还需要改进。

首席吐槽官的海选工作为期四个月,每个月同程旅游都会从当月二十名"月度吐槽王"中筛选出一人来担任见习首席吐槽官,筛选的标准有两个:第一是吐槽数量最多,第二是吐槽质量最高。

首席吐槽官的公开职责包括:

第一,广泛收集客户的投诉、抱怨、找茬,以及各种问题反馈。

第二，基于客户的反映，发现问题关键，并提出切实可行的应对措施和解决方案。

第三，以一个普通旅行者的身份，深入每一条问题旅游线路，亲自上路，体验旅行途中的优点和不足。包括风光好不好、活动精不精彩、导游贴不贴心、酒店好不好住、东西好不好吃、钱花得值不值等各种问题，从而更好地解决问题。

第四，带领吐槽团队，认真接收客户的反馈，查找槽点，并将最终解决方案切实有效地执行出来。

首席吐槽官的设立，是企业、商家顾客思维的最佳表现，是基于对自身服务品质的高要求而设立的一个特殊职能岗位，是在"千金买骂"，希望通过那些使用过企业产品、服务的客户的抱怨、找茬、吐苦水，鸡蛋里挑骨头，监督和督促企业发现产品设计、性价比上的不足，发掘客户服务、体验上的痛点，进而予以全方位提升，给客户带去更佳的消费体验。这种方法值得线下实体商家借鉴。

第 6 章　信任背书

——少些套路，多些真诚

商家应围绕顾客需求,重构营销模式,满足顾客未被满足的需求,构建彼此的信任。

少些套路,多些真诚

先看几个案例。

案例一:不免费的"免费体验"

李女士逛商场时,一名美容店导购员一直向她推荐自家的美容体验卡,凭卡可以免费做一次面部护理。架不住对方的热情游说,又听说免费,李女士就随对方到其美容院做了一次面部护理。

谁料,面部护理做完后,店员又要求李女士办一张3980元的会员卡。李女士不想办,对方就说,免费体验卡只能享受免费的服务,所用的护肤产品是要收费的,如果不办卡,需要交99元的产品费用。李女士虽然很恼怒,但也无可奈何,只得交了99元。

案例二:如此"买赠"

某商业街新开了一家鞋店,橱窗上贴着大大的"买一赠一"的促销海报。由于是新店开张,看着促销力度也很大,不少顾客都抱着"捡实惠"的心理进店选购。起初大家都挑得不亦乐乎,但最后基本上所有人都空手而归。这是为何呢?原来这家鞋店所谓的"买一赠一"竟然是"买一只赠一只",让人啼笑皆非。

苏女士也遇到过类似情况。一次,她去某超市购物,看到豆沙面包正在促销,促销人员介绍说是"买四赠二",她感觉很实惠,就给儿子买了一袋。谁料,苏女士回到家拆开一看,包装袋中本来就有六个面包,顿时有种上当受骗的感觉。

案例三:先提价再打折

经过无数次电商购物节的洗礼,其实顾客对线上商家"先提价再打折"的动作,早已心知肚明。现在很多实体店铺也学会了这一招,纷纷采取"先提价后打折"的方式来促销。

2016年"双11"前夕,有记者在某超市看到,营业员正加紧给某些衣服更换价格标签,其中一款原价199元的衣服,被换成了249元的新标签,新的促销价格为199元,前后对比,实际上没有任何优惠。标签的改变,会让顾客误以为占到了便宜。

有网友也吐槽说,"双11"活动期间,她在商场购买了一件原价539元、促销价格323元的某品牌女童棉服,结果回到家里上网一查，发现该衣服的原价其实是439元，打6折只要263元。她忍不住在微博上吐槽说："商场还带改价格的？"

体验营销作为收效快、成本低的营销强力模式，早已风靡各大线下商家，但也有不少居心不良的商家，利用漏洞，设下消费陷阱，设计各种体验套路，破坏行业规则，导致以上忽悠顾客的案例层出不穷。

俗话说得好：骗得了一时，骗不了一世。顾客第一次上当受骗后，第二次肯定不会再光临，而且还会成为这种骗人商家的"义务宣传员"，提醒自己的亲戚、朋友和同事不要前往这种商家消费。这种负面口碑对商家的杀伤力是很大的，显然不是有追求的商家愿意看到的。

如果顾客追求的是性价比，就别强推价格高的；

如果顾客追求简单方便易用，就别强推专业的；

如果顾客需要新奇好玩有趣，就别推荐大众款。

体验营销就要这样玩，少玩些套路，多些真诚！只要顾客和商家之间建立了一种信任感，顾客就可以放心消费，就可以大胆进行冲动消费而不用再后悔，也不用再担心上当受骗。

从这一意义上讲，产品/服务的本质就是解决顾客的痛点、满足顾客的需求，是一种帮助用户弥补、恢复、改善"现实与期望之间落差"的解决方案。

而要围绕顾客，把握顾客的需求，重构营销模式，去满足他们未被满足的需求，解决相互间信任的问题，核心是要解决顾客心中的六大疑问——

第一，你是谁？

第二，你要卖给我什么？

第三，你卖的东西对我有什么好处？

第四，怎么证明你在店里的描述是真实的？

第五，我为什么要在你这里买？

第六，我为什么要现在买？

扫除了顾客心中的这些疑问，那么，销售就水到渠成了。

给顾客足够的"安全感"

根据马斯洛需求层次理论，人类需求像阶梯一样从低到高按层次分为五种，分别是生理需求、安全需求、社交需求、尊重需求和自我实现需求。在这五种需求中，安全需求虽然是较低级别的需求，但假如人们缺乏安全感，会变得紧张、彷徨不安，就会认为一切事物都是危险的，认为一切事物都是"恶"的，谁能给予他们安全保障，他们就会对谁感激涕零。

尽管现在很多商家，都将"产品让顾客放心，服务让顾客满意"作为营销宣传的口号，但实际效果却恰恰相反，顾客似乎对什么产品都不放心，担心被忽悠，担心受欺骗。

举个例子：如今很多家庭都是一个孩子，孩子就是家长的心头肉。孩子到了年纪，要去幼儿园，这是孩子成长过程中必须要经历的一个过程，但是因为现在有很多幼儿园的负面新闻，所以很多家长在挑选幼儿园时总是非常谨慎。

很多幼儿园也了解家长这种不放心的心理，于是打出"让家长放心"的宣传口号。可是一句口号并不能从根本上解决问题。

其实，家长不放心，他们担心的是什么呢？

◆担心孩子在学校哭闹。

◆担心老师们在家长"面前一套、背后一套"。

◆担心孩子在学校吃不好、睡不好。

◆担心孩子受到老师虐待。

◆担心孩子安全问题。

◆担心孩子受到同学欺负。

……

这些不放心的背后,其实反映了家长的几点强烈渴望——

◆渴望老师能尽快引导孩子适应园区生活。

◆渴望孩子健康快乐成长。

◆渴望孩子安全得到绝对保障。

◆渴望孩子能够得到健康营养的饮食。

◆渴望老师更具同理心和责任心,能像对待自家孩子一般对待学生。

……

幼儿园需要做的,是针对家长的上述"不放心""不安全"痛点,来完善园区的服务、制度、办学理念、教学安排,死磕用户(家长)体验,得到用户的肯定。好的口碑一旦在用户中树立起来,就能进行口碑营销——对于家长来说,没有什么宣传口号比另一个家长的实际体验更有说服力。

再看一个例子:麻辣烫美味价廉,深受大众喜爱,但同时,它也让很多顾客不放心。在这种小吃身上,可以说处处都是痛点——

◆汤料长时间不换。麻辣烫多是露天售卖,汤料中难免会随风混杂各种灰尘、尾气,但几乎所有的摊主都是好几天才换一次汤料,不仅不卫生,而且会产生致癌物。

◆一锅煮,口味单一。麻辣烫一般都是一种口味,不能满足食客的个性化需求。

鉴于自身的局限,麻辣烫基本都是小本生意。但我看到过一个营销策划人,仅仅用了一周时间,帮助一家经营惨淡的麻辣烫小店,将其日流水从一百多元提升至四千多元,生意火爆到顾客每天都要排着长队。

这家小店采取了哪些营销措施呢?

第一，彻底解决老汤问题。

改进煮菜方式，使用正宗的山泉水煮菜，并将麻辣烫的调料和水分开。原先是一锅麻辣老汤煮一锅菜，现在是一锅清泉煮菜，保证了菜品的原汁原味。

另外，为了让食客吃得更放心，小店还将所使用的山泉水用大桶装着直接展示出来，煮菜的水也严格遵循"一小时一换"的规定，并欢迎所有食客监督。

第二，食客可以DIY汤料。

由于将麻辣烫的调料和水分开了，食客可以在挑选菜品后，根据自己的口味，DIY汤料。这样做既安全卫生，又满足了不同口味食客的需求。

同样价格的街边小吃，如果有一家更安全、更卫生、更健康，且有多样化的选择，并且这种安全是呈现在顾客面前，是亲身可见的。那么，顾客应该如何去选择，答案不言自明。

店员是连接顾客和店铺的关键纽带

瑞典人卡尔森写过一本书《关键时刻MOT》，该书的核心思想是企业应把控好一些接触、服务、影响客户的关键时刻（moment of truth，简称MOT）。

卡尔森是北欧航空公司的前任CEO。在他看来，所谓的关键时刻就是客户与北欧航空公司的职员面对面沟通交流的时刻，放大之，就是指客户与企业的各种资源发生接触的那一刻。这个时刻会决定企业未来的成败。

卡尔森于1981年出任北欧航空公司CEO。当时，公司已连续亏损。上任后，卡尔森力挽狂澜，在不到一年的时间里让公司扭亏转盈。这种业绩的取得，得益于卡尔森向北欧航空公司的员工灌输的"关键时刻"理论：与每一位乘客的接触中，包含了上千万个MOT。如果每一个MOT都是正面的，客户就会更加忠诚，从而为企业创造源源不断的利润。MOT很简单，需要企业关注"员工与客户接触的时段"，员工要利用好这个接触的机会，修正不足，让客户有更好的体验和满意度。

在实体店的顾客体验节点中,店员是连接顾客和店铺的关键纽带,是顾客建立信任的关键因素。

在顾客眼中,店员就是店面的代表,店员的一言一行对店面的业绩都有至关重要的影响。另外,因为与顾客接触得最频繁,店员实际碰到的问题也最多,这对店员的业务素质和个人素养也就提出了更高的要求。

一般来说,顾客到店铺去购买产品或去享受服务,他们首先关注的往往并不是产品或服务本身,而是店铺中的店员,随后他们才会决定是否消费。

要具备专业知识,为顾客选购提供建议

一个不具备专业知识的店员面对顾客,就像一名未经训练的战士上了战场,会直接暴露在敌人(顾客)的火力面前。

这是我在某家居商场里看到的一幕:

"小姐,这套沙发为什么比那一套贵那么多钱?"一位家庭主妇问道。

"因为它比另一套要好一些。"店员小姐答道。

"这个我也清楚，可是我想知道的是，究竟好在哪里？它有什么突出的优点，要值那么多的钱？"顾客继续追问。

"嗯，这个我不太了解，我只是负责卖产品的。"店员说道。

顾客果断放弃了在这家店购物。

很多不称职的店员对自己所销售的商品漫不经心，他们在顾客面前，除了会说"你好！我是××公司的，我们的产品好，服务也很好""我们的价格又很便宜"，就再也说不出任何有价值的商品信息了，当然也就难以打动顾客。

每个顾客都希望店员能够提供有关产品、服务的全套知识与信息，让他们完全了解产品、服务的特征与效用，给他们提供合理的消费建议。倘若店员一问三不知，就很难在顾客中建立信任感和专业感。而当店员对自己所销售的产品、服务有详尽的了解时，就会在推介的时候底气十足，能够有条不紊地为顾客答疑。店员对专业知识的掌握程度及推介时的激情与自信都会感染和影响顾客，并促使顾客做出购买的决定。

通常情况下，店员应该掌握的专业知识包括以下几个方面：

1. 对产品和服务烂熟于心

要真正了解产品的构成、性能、优势、劣势等所有细节，不能简单说"我们的产品是最好的""我们的产品是独一无二的"等根本没有明确产品特性的语言，必须给顾客一个可信的产品特性介绍，或者是直接拿数据说话。

2. 充分了解竞争对手的产品和服务

店员不仅要将自己的产品和服务彻底吃透，还要了解主要竞争对手同类产品的特性，同自己的产品做一个深度对比，熟知各自的优势劣势。

3. 充分了解顾客对行业的看法或认可度

了解顾客对行业、商家、品牌、价格、服务、体验等方面的综合态度，综合分析自身所处地位、不足，思考如何改进。

4. 详细解读顾客消费心理

除了常规的市场调研、用户访谈，店员可以将自己作为超级用户,换位思考,设身处地体验自身产品、服务的整个消费流程,自己去发现消费体验中的问题。

对产品的了解及运用程度,将决定店员的水平层次——

四流店员:对自己销售的产品一问三不知,只会笼统地说:我们的产品质量很好,我们的售后服务好,我们的价格比别人更优惠。

三流店员:受过系统的产品培训,对产品的特性、优缺点非常清楚,有时还能背出一些技术数据。但他们的问题是,不能通过倾听辨别出顾客的真正需求,过于强调产品的优点。

二流店员:熟知产品信息,并能根据顾客的需求,将产品的特点、优势和顾客的利益点结合起来,进行切实有效的营销。

一流店员:在顾客面前能以技术专家的形象出现,帮顾客解决问题,为顾客提供解决方案,与顾客建立良好关系。

只有一流的店员才能为顾客提供一流的专业服务,才能让店铺在激烈的竞争中脱颖而出。很多顾客喜欢到特定的商家购物，只是因为他们信任那些商家的店员，认可店员的专业水平和服务态度。因此，每一家店铺都应将培训具备最专业素养的店员当作一项核心任务来抓。

真正为顾客着想，不过度推销

信誉楼百货集团曾编写过一本企业宣传册《视客为友案例选编》，以下是其中两个店员的案例。

案例一：

一天中午，一位30多岁的男顾客来选黄金项链。顾客不在乎多少钱，只想要一个克数大点的。根据顾客的身高，我帮顾客选了一款50多克的竹节加橄榄造型的项链，但是顾客为了更气派，执意想选一个克数更大一些的。于是，我拿了一个70多克的让他对比。大克数的对于他的身材来说，显然过于夸张。我就对顾客说："男士戴黄金项链，本身就代表着气派，只要合适就行，不一定越大越好。这款50多克的就很适合您。"

顾客比了比，觉得很满意，说："要是在别处，肯定说70多克的好看。还是信誉楼的服务更真诚，就给我拿这款50多克的吧！"顾客临走时连声向我感谢。

案例二：

一对中年夫妇来到我们柜组选豆瓣酱，俩人在买什么样的包装上争论不休。我赶忙过去接待。通过和顾客交流，了解到顾客想买做大盘鸡的豆瓣酱，女士想买瓶装的，量比较大，男士想买袋装的，量比较小。于是，我耐心询问顾客以前用这种豆瓣酱做没做过大盘鸡。顾客说："没有，我们刚听朋友说这种豆瓣酱做出来的味道挺好的，所以自己也想买回去尝试一下。"听到顾客的回答，我告诉顾客："这种豆瓣酱做大盘鸡确实挺好吃的，不过如果您没有做过，我建议您先买一袋尝尝。因为每个人的口味不同，如果您觉得好吃，下次再来买瓶装的也不迟，您说呢？"

我的建议让夫妻俩达成了共识，顾客听完后最终选择了袋装豆瓣酱。

具备真正服务意识和同理心的店员，不仅不会过度推销，还会像信誉楼的店员一样处处为顾客着想，他们对自己提供的产品、服务，乃至对顾客，从来都是充满热爱的。

因为爱得太深,爱得太炽烈,所以,他们不能容忍任何理由与行为对这份爱有所亵渎。

韩国有一家泡菜店,甚至因为担心泡菜在运输过程中发生变化,影响泡菜的味道,宁可不做生意,也不允许顾客买了泡菜送人。

这是一种对顾客认真负责的服务理念,也是对产品负责的匠心精神。

实体店的"善待链条"

瑞士著名的钟表大师塔·布克,曾因为反对宗教统治被逮捕入狱。入狱后,监狱方面安排他制作钟表,但他却怎么都制作不出日误差小于1/10秒的钟表。而在入狱前,他制作的钟表没有哪一块日误差大于百分之一秒。

"一个钟表匠在不满和愤懑中,要想圆满完成制作钟表的1200道工序,是不可能的;在对抗和憎恨中,要精确地磨锉出一块钟表所需要的254个零件,更是比登天还难。"塔·布克这样说。

推己及人，塔·布克想到了埃及金字塔的建造者。若是金字塔的建造者是满心愤懑和不满的奴隶，金字塔的各个环节就不可能被衔接得那般天衣无缝，连刀片都插不进去。所以，他推断建造金字塔的，一定是一群自由人，而且是虔诚而快乐的自由人。

现在瑞士的钟表匠依旧坚持并恪守着一条塔·布克传承下来的行业准则——"在过分指导和过严监管的地方，别指望有奇迹发生。人的能力，唯有在身心和谐的情况下，才能发挥到最佳水平。"

大家可以仔细揣摩这条准则。

实体商业希望给顾客提供有温度的服务，首先应将这种温度传递给员工，让他们感觉工作是自由的、快乐的、虔诚的，如此心境之下，他们才有可能为顾客提供有温度的服务。

这一点，河南知名企业"胖东来"就做得非常好。

顾客进入胖东来的店面，能明显感觉到和其他卖场的不一样。最明显的是所有店员的脸上都带着发自内心的微笑，让顾客如沐春风，感觉很舒服。

胖东来的店员也很热情很主动，看到有抱孩子、提东西上下楼梯的顾客，马上会出来帮忙；做保洁的阿姨，竟然跪在地上拿毛巾擦地，有人问她是老板这样要求的吗，她说不是，那是为什么呢？因为这样擦得干净！什么情况下，员工会以这样的态度来干活？只有在家里，给自家擦地的时候，才会如此精心，才会这样负责！

我们的店员也许也能做到这一点，但他们很可能是畏于制度、迫于老板压力，咬着牙这么干。对于工作，是自动自发，还是压力所迫？带来的结果是不一样的，店员的工作状态是不一样的，更重要的是，他们带给顾客的感受是不一样的。顾客不是傻子，店员对他们是真心相待还是外热内冷、虚情假意，顾客是能够感觉出来的，这就是差距，这种差距有时候是难以逾越的鸿沟。

什么人会像胖东来的员工一样认真负责？家里人。

员工为什么会为你的店铺操心？因为这事和他有关系，和他自身的利益密切相关——胖东来的员工平均工资水平高出同行一大截。不操心，自己的经济利益就没有保障；操心了，店铺好了，自己也就好了，也就得实惠了。

这就是胖东来的管理逻辑，让员工得到实惠。

胖东来一个店长年薪多少？100万元！是其他同

行的好几倍。再看看其他员工的收入（见图6.1）——

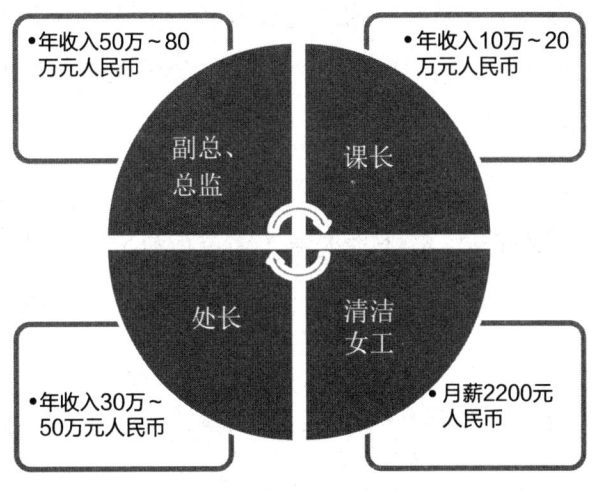

图6.1　胖东来各级员工收入水平

如此，便不难理解为什么胖东来的员工能为顾客提供发自内心的温情服务了。

好市多也深谙此道——对商品"死抠"，对员工却不抠门，员工薪酬远远高出沃尔玛等同行，其离职率只有5%。

实体店的员工同顾客之间是一种服务与被服务的关系，这一点没错，但它并不意味着服务人员就低人一等。丽思卡尔顿酒店的信条卡上有这样一句话——我们以绅士淑女的态度为绅士淑女服务！它在业界被传为经典。

丽思卡尔顿酒店的管理层深知,要营造恭敬且有温度的服务氛围与服务文化,就必须先在酒店内部营造一种尊重员工、善待员工的氛围,受这种氛围的感染,员工才能自然而然地为顾客提供有温度的服务,而非生搬硬套,脸上挂着言不由衷的笑容,进行生疏而机械的服务。而得到温情服务的顾客,则会成为酒店的常客,甚至影响身边的人前来消费,为酒店带来源源不断的客流和利润,实现良性循环(见图6.2)。

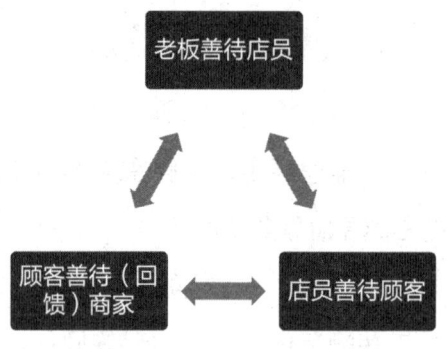

图 6.2 实体店的"善待链"

完美售后服务，超出顾客期望

顾客对商家的满意度有两层含义：

第一，顾客满意度是一种主观感受。

什么叫主观？就是"顾客说你行，你就行，不行也行"。在不同时期、不同环境，顾客满意的标准迥异。过去满意的事，现在未必满意；现在满意，将来就未必满意。

第二，顾客满意度是一个相对概念。

什么叫相对？就是"你比别人好，就是好，不好也好"。在特定时期、特定环境，顾客满意度取决于对比。顾客是否能满意，不在于销售人员做了什么，而在于比别的销售多做了什么、少做了什么。

顾客满意度受到挑战的结果往往是——

顾客一眼不爱，产品或服务就寿终正寝。

我们来看一个案例：

在某市一条商业街上，有两家小型家电店铺，在当前家电大卖场及网络商家的冲击下，这两家小型家电店铺凭借代理一些不知名的小品牌，勉强经营着。

其中一家店铺的店主兼销售员小曹主要销售电视机、洗衣机等大件家电产品，每次顾客要货，他都会亲自送货上门，将货送到顾客家里，按顾客的要求放到顾客认为最合适的位置。如果顾客需要维修，他也会及时赶到，以最快的速度为顾客排除问题。小曹非常注重跟进服务，经常给顾客打电话，问顾客在使用中有什么问题或建议。而另一家家电商铺的销售员小朱，虽然也实行送货上门服务，但每一次都是把货送到门口甚至楼下就不管了。顾客要求上门维修，他也总是以这样那样的借口迟迟不给解决，有时经过顾客的一再催促，勉强上门维修，也做得很不到位，修好的家电没多长时间就又开始出现毛病了。

凑巧的是，小曹的一位顾客和小朱的一位顾客住得不远且互相认识，有一次两人没事聊天的时候，话题就扯到家电上面，小朱的顾客一听小曹的顾客的介绍，感叹万分。经过介绍，小朱的顾客见到了小曹，并亲身体验了一下他的服务。从那儿以后，小朱的顾客每次遇到亲戚朋友需购买电器时，都会把他们介绍给小曹。前不久，一个间接顾客的儿子结婚添置的家电产品几乎都是从小曹的店里买的。

售后服务，顾名思义就是产品售出后的服务。产品卖到顾客手里,并不等于就万事大吉了,还要设法通过售后服务来为顾客提供增值价值,超出顾客期望值,甚至让顾客尖叫,这样才能超越痛点,触动顾客的兴奋点。

成功的售后跟进工作,需做好以下几点:

第一,低调承诺,超额兑现。要建立信誉度,不要做出不能兑现的承诺。

第二,关注小事情。要养成快速回电话、回邮件和做出其他回应的习惯。跟进,跟进,再跟进。

第三,与顾客保持联系,并做好记录。花些时间来记录电话交流的相关内容。保留一份售后跟进的书面记录——当顾客被重新分配给另外一位客服代表的时候,这种做法就非常奏效。

第四,建立一个反馈系统。了解顾客是如何评价商家提供跟进服务的质量和数量的。跟进服务不是由商家预先设定和想象的,而是取决于顾客是如何感知、如何评估它的价值的。跟进服务由顾客的感受说了算。

妥善处理顾客投诉

处理顾客的投诉与抱怨,是售后环节顾客体验管理工作中一项非常重要的组成部分。

顾客提出抱怨或投诉,表示顾客对商家提供的产品或服务不满意,售后服务工作中最棘手的就是处理此类事情。但是,处理好顾客的投诉与抱怨就会收到良好的效果。顾客有投诉与抱怨是表明他们对这笔生意仍有期待,希望商家能改进服务水平,他们的投诉与抱怨实际上是商家改进工作、提高顾客满意度的机会。

如果顾客提出的投诉与抱怨能获得圆满的解决,顾客的忠诚度会比从来没有遇到问题的顾客高很多。顾客的投诉与抱怨并不可怕,可怕的是不能有效地化解抱怨,最终导致顾客的流失。

处理顾客投诉与抱怨是一项复杂的系统工程,尤其需要经验和技巧的支持。

处理顾客投诉与抱怨的程序

第一,建立顾客意见表或投诉登记表。客服接到顾客投诉或抱怨的信息后,在表格上记录下来并及时将表格传递到具体的售后人员手中。

第二,售后人员接到信息后即通过电话、传真或到顾客所在地进行面对面的交流沟通,详细了解顾客投诉或抱怨的内容。

第三,分析这些问题信息,并向顾客做好说明工作,与顾客沟通协商解决办法。

第四,及时将处理情况向领导汇报,售后人员提出自己的处理意见,申请领导批准后,要及时答复顾客。

第五,顾客确认处理方案后,签下处理协议。

第六,将协议反馈至有关部门实施,如需补偿产品的,通知仓管出货;如需送小礼物的,通知市场管理人员发出等。

第七,跟踪处理结果的落实,直到顾客答复满意为止。

处理顾客投诉与抱怨的基本原则

1. 耐心多一点

在实际处理中,要耐心地倾听顾客的抱怨,不要轻易打断顾客的叙述，也不要批评顾客的不足，而要鼓励顾客倾诉，让他们尽情宣泄心中的不满。当你耐心地听完了顾客的倾诉与抱怨，当顾客的情绪得到了发泄，他们就能够比较自然地听你的道歉和解释了。

2. 态度好一点

顾客有抱怨或投诉就是表示顾客对产品及服务不满意，从心理上来说，他们觉得自己吃了亏。因此，如果在处理过程中售后服务人员的态度不友好，会让顾客的情绪变得更差，进而激化双方的矛盾。反之，若服务人员态度诚恳，礼貌热情，则会降低顾客的抵触情绪。

3. 反应快一点

商家处理投诉和抱怨的反应快，一来可让顾客感觉到尊重，二来表示解决问题的诚意，三可以及时防止顾客传播"负面口碑"，将损失减至最少。一般接到顾客投诉或抱怨的信息后，应该立刻向顾客打电话或通过邮件等形式了解具体情况，之后在内部协商好处理方案，最好当天给顾客答复。

4. 语言得体一点

顾客对产品和服务不满,在发泄不满时有可能会言语过激,如果在服务中与之针锋相对,势必恶化彼此关系。售后服务人员在解释问题的过程中,要十分注意措辞,要合情合理、得体大方,不要说伤人自尊的话,尽量用婉转的语言与顾客沟通。即使是顾客存在不合理的地方,也不能冲动。

5. 补偿多一点

顾客有抱怨或投诉很大程度是因为他们购买产品、享用服务后,发现利益受损。因此,顾客往往希望得到补偿,这种补偿有可能是物质上的(如更换产品、退货或赠送礼品等),也可能是精神上的(如道歉等)。如果商家在补偿时,能比顾客预期稍微多一点点,就能带给顾客意外的惊喜,他们能从中看到商家的诚意,从而恢复对商家的信心。

6. 层次高一点

顾客提出投诉和抱怨之后都希望自己的问题受到重视,而处理问题的人员的职位高低会直接影响顾客期待解决问题的情绪。如果高职级领导能够亲自参与处理，会化解顾客的许多怨气和不满，顾客也比较容易配合服务人员进行问题处理。

7. 办法多一点

很多商家在售后服务中，处理顾客投诉和抱怨的结果就是给顾客慰问、道歉，或者补偿产品、赠小礼品等，其实解决问题的办法有许多种。除上所述手段外，还可邀请顾客参加内部讨论会、参观产品的生产线等。

第7章 情感渗透

——体验营销的最高境界

感性的诱惑,比理性的说服更为重要。

体验营销的最高境界是情感渗透

　　体验营销旨在让顾客借助看、听、用、参与等手段，充分刺激和调动顾客的感官、情感、思考、行动、联想等因素，重新定义和设计顾客脑海中的思考方式，最终让顾客实现品牌认同。

　　情感体验，就是用感性手段带动顾客心理上的体验活动，是个体受其周围客观环境的影响所产生的一种神奇的主观感觉体验，它可以是积极的，也可以是消极的。情感体验营销，目的是对顾客产生积极的影响，使其产生积极的感官体验。

　　因为顾客购买商品、享受服务，在很多情况下是为了追求一种情感上的满足，当某种商品、服务能够满足顾客的某些心理需要或充分表现其自我形象时，它在顾客心目中的价值可能远远超出商品、服务本身。

　　随着产品、服务同质化现象日趋严重，可替代性越来越高，顾客对产品、服务的需求从功能性满足上升到情感满足和个人价值的实现上。因此相对于理性诉求的营销，主张感性诉求的情感渗透更能迎合顾客、吸引顾客，更能让顾客产生感同身受的体验。

在此背景下，情感营销应运而生，它结合当代顾客的心理特征，由向顾客展示产品/服务的物理、功能属性，提升到迎合顾客使用产品获得的情感满足，与顾客产生情感上的共鸣。

服务应充满情感

店员应将"尊重顾客，用心服务"牢记在心，并将情感服务贯穿于顾客消费活动的始末，对顾客动之以情，占领顾客的心理制高点，使顾客对商家及其产品产生信任、偏好甚至情感满意和忠诚。

第一，服务要人情化。要真正把顾客当成自己的朋友和亲人，处处为顾客着想，时时为他们提供方便，使顾客能感受到消费环境的温馨。

第二，服务细微化。服务的细微化主要表现在店员要善于察言观色，揣摩顾客心理，预测顾客需求，甚至在顾客未提出要求之前，就能替顾客想到，使顾客在体验中得到一种精神上的享受。

第三，服务超越常规化。为顾客提供规范外的额外服务，这一点最容易打动顾客的心，最容易给顾客留下美好的印象，也最容易招徕回头客。

第四，服务微笑化。发自内心的微笑是情感营销的最基本条件，也是情感渗透的主要组成部分。店员一句温馨的话、一个亲切的微笑会给顾客留下美好的印象。

卖的不仅仅是商品和服务，更是情感和情怀

实体店自有实体店的优势，面对面的店客交流，更便于情感的传播，更利于情怀的流露。

一个姿势，一句问候，一个眼神。它们看起来只是一些小小的细节，却带来幸福和感动。小小的家居用品同样如此。实用的脚凳可以拉近家人间的距离，托盘上的早餐是何等甜蜜。

小小的举动让每一天都变得不同，而看似特殊的时刻都发生得如此自然而然。

今年的故事将围绕厨房区域展开，在这里有太多值

得珍藏的美好瞬间。从这里出发，小小的感动在家里的每个角落，静静发生着。

你能感受到，这些是生活里必不可少的存在。

以上这些暖心的文字，出自2016年宜家《家居指南》。在宜家，销售的不再是简单的家居产品，而是充满情感和人文关怀的生活方式解决方案。

宜家以贩卖"生活理念"的情感式体验服务闻名于全球。它用创意和设计营造家的感觉，让顾客在艺术情怀中一次次被感动。在这么美的店中享受一回，谁都会有购买的冲动，这些都是电商远远做不到的。

宜家在顾客眼中，是充满亲和力的，甚至是"性感"的，这种特质，能诱发顾客感性消费的力量。

感性的故事，比理性的说服更有效

纽约前市长鲁迪·朱利安尼，在任内致力于降低纽约的犯罪率和改善城市居民的生活品质。他只花了一年时间，就让曾经犯罪率最高的纽约中央地铁站的案发率下降了33%，他也因此被称为最具创意的市长。

他在降低犯罪率上的创意表现在何处呢？

其实，他只是让人调整了纽约中央地铁站的背景音乐，让地铁站一天到晚不间歇地播放莫扎特的音乐。这些充斥于车站中的莫扎特的高雅音乐，彻底摧毁了地铁站原有的混乱的犯罪气息。根据《纽约日报》报道："那些小偷堵不住耳朵，在莫扎特的音乐中就不由自主地觉得行窃的氛围不对了；那些吸毒贩毒的也堵不住耳朵，在莫扎特的音乐中似乎也觉得浑身不自在；强悍的黑帮老大更是觉得无趣，在莫扎特的音乐中聚众斗殴，无论怎么叫喊冲杀也欢快不起来。"

鲁迪·朱利安尼成功地利用人们向善的情感需求，借助音乐对公众进行劝诱，久而久之，中央地铁站的闲杂人等变得越来越少，犯罪率自然就下降了。

知名营销人叶茂中据此得出一个结论："有时感性的诱惑，来的比理性的说服更为重要。因为理性的说服是后天的学习成果，而感性的诱惑是先天的本能。"

在互联网时代，顾客面对的信息是无限的，但他们可以接受并消化的信息是有限的，因此，顾客必然会对信息进行筛选。相对于那些直白的商业广告、赤裸裸的产品营销，他们更喜欢润物细无声地感受产品、感受品牌。

实体店要设法在合适的场景中把合适的内容传递给目标顾客，提高内容的可接受度。否则，就只会被忽视，甚至引起顾客反感。

情感营销最大的成功不在于表现形式有多强，而在于能在潜移默化中占据顾客的内心，冲击顾客的情感痛点，让他们受到感染，并趋同于这种感染。

谷歌做过一次感性的情感营销——

故事的主角是一个小女孩，她是一名谷歌员工的女儿，她用蜡笔给谷歌公司写了一封信，希望爸爸能够在他生日当天（星期三）获得一天假期。

谷歌公司接到小女孩的书信后，当即给予回信，满足了小女孩的愿望，并给了她爸爸一周的假期。

谷歌的温情举动，触动了广大网民，这一事件在谷歌的搜索记录高达 7500 万条。

故事对于实体店情感影响的重要性，就如同煽情对于选秀节目的作用一样，若没有点"故事"煽情，你都不好意思上选秀节目。实体店故事营销，无论是为了制造一种噱头，还是营造某种情感，无一例外都在为店铺、产品、服务增添故事的趣味和文化。实体店故事营销的切入点主要有：

第一，产品故事。

从店铺经营产品的历史起源中挖故事，比如诸葛烤鱼、云南过桥米线等，这类故事通常能体现店铺深层次的文化渊源。

第二，创业经历。

从创始人的创业经历来挖掘故事，比如雕爷牛腩创始人的创业经历，赋予其互联网餐饮的典型标签，让餐饮品牌的知名度随创业者一起扶摇直上。

第三，企业文化。

可以从企业内部管理、经营理念、人力管理等方面去挖掘细节性故事，类似海底捞的"变态服务"与"善待员工"等。

第四，名人效应。

可从店铺的特殊顾客群入手，借助名人、网红的影响力，来提升店铺的品牌附加值，类似孟非的小面等。

消除顾客对企业的负面情感

现在,越来越多的顾客选择在网上查看产品的相关信息和用户评论,这些信息成为影响顾客行为的一个重要因素,也会对企业营销工作和品牌口碑产生干扰(正向和负向的)。

中央电视台经济频道《是真的吗?》节目曾曝光了肯德基、麦当劳、真功夫冰块菌落严重超标,并称肯德基、真功夫菌落数甚至远高于马桶水。

节目播出后,一石激起千层浪,触及了很多顾客的痛点和底线,大家直呼"被恶心到了",称要"珍惜生命,远离冰块"……

事后,报道中涉及的三家企业迅速做出回应——

肯德基通过官微发表道歉信:"关于崇文门餐厅冰块的报道,肯德基十分抱歉出现这样的情况。公司品管部门已经到该餐厅了解情况,并监督餐厅立即按照标准严格清洁和消毒制冰机及相关设备。肯德基再次深表歉意。"

麦当劳发布消息表示,已在第一时间开展营运自查,包括冰块的相关设备及操作规范。

真功夫发布消息称，已立即督促该餐厅按照标准再次清洁和消毒了制冰设备。

涉事企业的公关部门运营非常高效，态度诚恳。

话说回来，这些餐厅的食用冰块真的就比马桶水还要脏吗？

肯德基的公关营销人员就这个话题，在知乎上打了一场漂亮的翻身仗。

知乎上帖子的内容是——

今天，央视新闻的微博如此写道："@央视财经是真的吗？记者分别在北京崇文门的真功夫、麦当劳、肯德基取回冰块样本进行检测，结果令人震惊。三家快餐店的食用冰块菌落总数均不符合国家标准，其中真功夫、肯德基食用冰块的菌落总数含量比马桶水高出6倍、13倍，比马桶水还脏！"

我的理解是，要么就是马桶水其实很干净，冰块比马桶水脏一点其实也不算很脏；要么就是真的很脏。

在网友跟帖中，几乎是一边倒，全是挺肯德基的声音。其中有三条回复，比较有代表性——

第一条，某专业人士

"我是做食品监管工作的，日常工作中经常要去采样，辖区内也有肯德基、麦当劳、德克士，冰块是每次必定抽检的项目。抽检的过程要求非常严格，因为是涉及微生物项目，采样过程中的污染环节一定要控制好。就我们近两年的监测数据，可以负责任地说绝大部分冰块是符合国家标准的。"

第二条，名为"晓寒深处"的网友，曾在肯德基实习数日

"全部的工具，像饮料机、咖啡机、冰槽、城堡（放汉堡、鸡翅的那个烤箱）、烘焙箱的栅栏等，能拆卸的全部要拆卸下来清洗，注意是拆卸成各个组件！！把各组件清洗完了再组装回去！！简直就是不留一丝清洁死角。第一次遇到这场面时，我脑海里闪现两个大字——'洁癖'！！我敢肯定KFC定规矩的那位绝对是处女座。

"看到很多新闻黑KFC卫生不好，我只能说，树大招风罢了。如果这样的卫生控制下，还是卫生不好，那只能说在外面做餐饮有先天硬伤。平心而论，自己家厨房都没这么干净过。"

第三条，某媒体人士

"我从一个记者的角度来谈谈这则新闻吧。没有人爆料，没有任何人在肯德基突发食物中毒，没有任何蛛丝马迹显露出来。然后记者带着家伙直奔肯德基，取冰检测，一击命中！

"央视的记者该有多牛×外加多有聊，才能如此操作新闻啊！"

这些"网友"分别以专业人士、内部员工、媒体人的视角，为肯德基做了一个"无罪辩护"，且极具说服力，淡化甚至消除了顾客对肯德基的负面情绪，消除了消费体验中的痛点，挽回了企业形象。

唤醒顾客的潜在情感需求

情感渗透能拉近商家与顾客之间的关系，如果商家能够在营销中唤醒顾客的潜在情感需求，就能有效强化商家和顾客的关系。

在社会化生产高度发达的今天,每一种产品都会有无数竞品在四周环伺,顾客的消费行为变得日渐挑剔,逐渐从"盲目"转为"理性",因此,产品营销方案务必要戳中顾客情感弱点和痛点,对症下药,方能脱颖而出,引得用户关注。

有这样一个案例:

一对年轻夫妻逛商场,妻子看上了一套昂贵的餐具,有些拿不定主意,不时征求丈夫意见,而丈夫却表情僵硬,无动于衷。妻子舍不得离开,又去看别的餐具。

这时,一名促销人员上来悄悄对那个丈夫说:"放心,这么贵重的餐具,你老婆是不会舍得让你洗的。"

丈夫如梦初醒,当即同意了妻子的购买要求。

这个案例中,营销人员抓住了男性不爱洗碗的痛点,成功促成交易。

不过洗碗不仅仅是男性的痛点,也让很多女性抓狂。

2014年8月20日,一个微博用户名为"摄影师苏小糖"的文艺青年发了一条微博,"我不想洗碗",同时动用五花八门的食材,把讨厌洗碗的心情变成精美的碟子创作，结果引发了很多网友的关注、跟进和吐槽。

这条微博引起西门子家电营销人员的注意，第二天，西门子家电在"摄影师苏小糖"的微博上做出回复——不仅安慰了这名不想洗碗的用户，还为其创意点赞，并愿意免费赠送一台西门子洗碗机。

西门子的慷慨之举让很多微博大V也来凑热闹，于是网络上出现了各种"我也不想洗碗，跪求再送一台"的声音。西门子家电顺势而动，8月22日，在官方微博做出承诺：只要在碟子上创作"我不想洗碗"，并通过微博、微信、线下三大平台参与晒碟照，就有机会赢西门子洗碗机，每隔一天就会送出一台。

结果，全民为之沸腾，除了各种晒碟照，更有人通过方言、戏剧等方式，用声音喊出了"我不想洗碗"的诉求，引发了更大面积的扩散和关注。

短短10余天，西门子家电就收到了全国各地网友的碟子作品数千件，截至2014年9月4日，共送出洗碗机6台，事件的媒体总曝光量突破1亿次，微博转发超过10万次，评论超过5万条。

西门子洗碗机的营销人员，从发现顾客"不想洗碗"的情感痛点开始，激发网友潜在的情感需求，并借助社交软件,在付出几乎可以忽略不计的营销成本的前提下,大大提高了公众对西门子洗碗机的认知度,打了一场漂亮的情感营销战。

第8章 社交渗透

——粉丝经济与会员营销

未来实体店将会有两个商圈：一个是现有的地理辐射范围内的商圈，另一个则是围绕实体店潜在顾客做社会化营销而带来的粉丝商圈、社群商圈。

借助社会化营销，重塑商圈

近年，国内线下实体店频现关店潮。不少实体店在关店清仓时，纷纷打出这样的标语："网购冲击，生意难做""电商太疯狂，生意没法做，马云我恨你！"

将部分实体店"逼上绝路"的真的是电商和马云吗？

不可否认，部分实体店之所以关门大吉，固然少不了电商的冲击，电商挤压了实体商业的生存空间。但真正压垮实体店的，除了内因，除了电商，还有另外"两座大山"——高房租和高人工成本。

其中，高房租就如同悬在商家头顶的达摩克利斯之剑，随时可能会落下，斩断一个个商家的梦想，决定商铺的生死存亡。

早在 2013 年，中央人民广播电台经济之声《天下公司》栏目就报道过一个案例，曾引起广泛关注：

由于难以承受CBD的高额租金，坐落于北京国贸商城一期的星巴克咖啡店正式闭店。该店是星巴克1999年1月进入中国以来在内地开设的首家咖啡店。

身处北京最繁华的商业中心，曾在20世纪为国贸商城一期增色的星巴克，最终沦落至远走国贸的命运。

国贸星巴克店的房租究竟有多高呢？一年的租金和人工成本总计超过700万元人民币。而根据星巴克2012年的财报，星巴克亚洲地区平均单店营业额为82.9万美元，约合人民币509万元。

一年的营收还不足以支付房租，难怪连星巴克都要关店停业。其他实体商业经营者的情况，有过之而无不及。

一位在二线城市核心地带经营餐厅的赵先生告诉笔者，当初，他盘下店面时，租金是每月4万元，由于经营有方，他的餐厅生意还算不错。不料等租房合同到期，房东直接将店铺租金提到了6万元，且没有商量的余地。赵先生估算了一下，"这样的话，我赚的钱相当于都送给了房东，我就是在帮房东打工！"权衡利弊之后，他没有选择续租，放弃了餐厅的经营。

近年来，随着房地产市场的火爆，很多地方实体店铺的租金每年都在以20%的速度增长着，远远超过了实体店经营收入的增长，给实体店经营造成了很大压力，高房租逼走商铺的事情屡见不鲜，即便是一些大型外资连锁商业机构也难以承受。

以上海为例，早在2014年年底，上海商铺租金已经是20年前的5倍，但实体零售业的销售毛利却几乎没有增加，逼得大批内外资商家纷纷关门店。

2016年4月8日，时任商务部部长助理的王炳南表示，在内贸流通领域，店铺租金占实体店经营成本约30%，而近年来实体店铺租金以每年20%的速度增加，约为销售额平均增速的2倍，这对实体店经营造成很大压力。

实体店如何才能减少店铺租金负担呢？

有两个办法——

第一，等待更多的线下门店关门，逼着商业地产降温。相信再过一段时间，这个阶段一定会到来。

第二，全面推进社会化营销，做好实体店转型，不再扎堆商业中心地带，将店址变迁到租金更低的次级商业中心、社区，甚至完全脱离临街商铺。

未来实体店将会有两个商圈：一个是现有的地理

辐射范围内的商圈，另一个则是围绕实体店潜在顾客做社会化营销而带来的粉丝商圈、社群商圈。

所谓社会化媒体营销，就是利用微博、微信、论坛、在线社区、博客、百科或其他互联网协作平台和媒体来传播与发布店铺的商业资讯，并提供在线服务咨询，从而形成的营销、销售、公共关系处理和客户关系开拓及维护的一种方式。

实体店借助各种社会化营销手段，能够摆脱对中心物理商圈的依赖，重塑商圈，打破高房租困局。

比如，苏宁线下门店在电商冲击下，为了发挥实体店经营潜力，让全体员工做微商，将线下流量产生的线下商圈，扩展至线上商圈。仅2014年"双11"一天，18万苏宁员工就带来了200万个有效订单，打破了对门店被动客流的依赖。

再比如，现在已经有一些经营比较好、口碑也非常好的饭店，因为有稳定的顾客群，门店既不开在商业中心，也不开在临街的商铺，而是选择开在房租很低的地段。某些私房菜甚至开在一些非常偏僻但环境不错的地段，非熟客寻找起来都相当费劲。

可以预料的是,当社会化营销能够起到门面房引流作用时,以上情景会更多。

实体店的自媒体营销

互联网时代,个体从"旁观者"转变为"当事人",每个人都可以拥有一份个人的"网络报纸"(微信、微博、博客)"网络广播"或"网络电视"(播客)。"媒体"仿佛一夜之间变得不再高大上,不再遥不可及,而成了人人可以触及的传播载体。

这种个人的传播载体就是自媒体,是指私人化、平民化、普泛化、自主化的传播者,借助现代化、电子化的手段,向不特定的大多数或特定的单个人传递规范性及非规范性信息的新媒体的总称。自媒体有以下五个特征(见图8.1)。

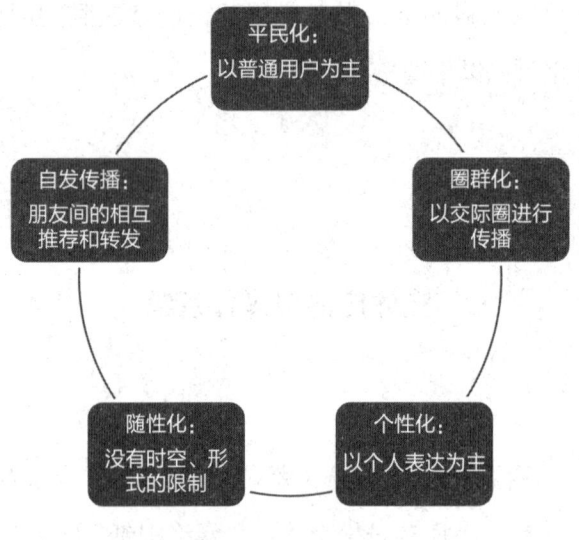

图 8.1 自媒体的特征

常见的自媒体平台包括：微博、微信、博客、贴吧、论坛/BBS等网络社区。

实体店要成功实现社会化营销推广，需要建立自己的自媒体平台，选择一种或几种最适合自身的社交媒体和社交平台，组合成一个互联网自媒体推广、宣传平台，实现对商圈和顾客的低成本精准营销、大范围拓客和集客及互动式会员管理。

微博营销

微博营销是指通过微博平台为商家的产品或服务进行营销,这种营销方式注重准确的定位、系统的布局、内容的互动和价值的传递,涉及范围包括认证、有效粉丝、话题、名博、开放平台、整体运营等,具有覆盖面广、成本低、有效互动、针对性强、信息量大、操作简单等优势(见图8.2)。

图 8.2 微博营销优势

21cake是一家连锁蛋糕品牌,线上线下均有布局,善于做微博营销。

曾经有顾客在微博上这样抱怨21cake:本来要求写一个"寿"字,结果被误写成了"受"字。

这条抱怨微博在短短一个小时内就被转发上千次。意识到自身的失误后，21cake立即联系抱怨的顾客，不仅予以物质赔偿，并在微博上公开道歉。

道歉微博引起了更广泛的围观、讨论和转发，曝光量达2亿次以上，21cake能公开承认自己的失误并及时反馈顾客的姿态得到了大家的认可。

经过积极运作，原本的负面新闻竟成了商家宣传展示品牌形象的一次良机。

微博营销，尤其适用于线下各类餐饮店，通过微博，餐饮店可以为消费者提供预订服务，也可以对店内活动进行预告、发布相关资讯，和消费者进行互动等（见图8.3）。

图8.3 餐饮店微博营销覆盖内容

微信营销

同样是微营销,微信营销与微博营销相比,受众更加精准,内容能做到"有的放矢"。微信营销的工具主要有二维码、LBS定位、微视、微信朋友圈、微网站、微信公众平台等(见图8.4)。

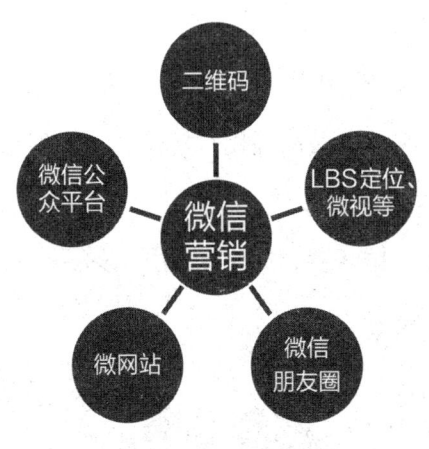

图 8.4　微信营销工具

微信营销的操作手法主要有:

一是借助二维码增加粉丝。可在产品包装、收银台、店内设施上贴上二维码,方便顾客扫描。扫描二维码时可以附送一些优惠折扣信息,调动顾客扫码的积极性。二维码也可以运用到商家的各种社会化营销途径中,增加入口,逐步积累用户。

二是推送优质内容吸引用户。但要注意推送信息的质量和频率。过于频繁的信息推送或无用信息的推送,都会引起用户的反感,容易被拉黑或屏蔽。因此,推送的内容要尽量简短、实用,贴合用户群实际需求。

另外,要注意信息推送的频次,可以每天分享,但数量不宜太多。

同时,也要把握好信息推送的时段。理论上讲,商家随时都可以通过微信向用户推送信息。但事实上,每个时间段微信公众号的信息曝光量是有高低起伏的。

从统计数据来看,如图 8.5 所示的四个关键时间点需要商家注意。

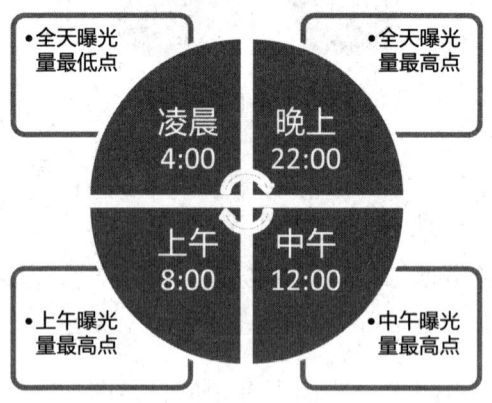

图 8.5　微信公众号信息曝光的四个关键时间点

在内容推送上，商家可以规避曝光量较低的时间点，选择曝光量多的时间点，这样才能事半功倍。

三是保持互动提高用户黏性。除了最基本的产品吸引力及良好的服务态度，商家还要经常和用户保持互动。比如，可以经常在微信上搞些小活动，或者发布一些微信用户独享的特殊优惠或特殊礼品等。

提高用户黏性，也离不开售后追踪、及时解决顾客的问题和抱怨，改进服务措施，让用户自愿分享信息。

黄太吉是北京一家经营煎饼果子、油条、豆腐脑等传统美食的特色餐饮小吃店，于2012年4月开业。其创始人赫畅是互联网出身，曾任职百度、去哪儿、谷歌等知名互联网企业，凭借其互联网思维，赫畅硬是将普通的煎饼果子做出了名头。

开业之初，黄太吉便开通了新浪微博，运营自媒体，确立了社会化的营销思路，产品的宣传渠道主要集中在微博上。一时间，黄太吉老板开奔驰送煎饼、美女老板送餐、煎饼相对论等话题迅速成为微博上"吃货们"口口相传的话题。

"很多顾客都是看到微博上的分享慕名而来的。"在赫畅看来，"没有微博，我们这样的店是开不起来的。"

赫畅甚至认为："善于利用微博，将是每一个要做店、做餐饮的中小商户老板必须掌握的东西。你不懂微博或不会利用的话,坦白地说,可能是你做事做了100%,成功的可能性可能只有30%。"[1]

除了微博,黄太吉还借助包括大众点评、微信、QQ、陌陌等在内的自媒体平台推广、推送信息甚至订餐。

实体店做自媒体,首先要了解并确定自己的用户范围,然后围绕这个群体去做针对性的内容推送,去做宣传,去传播活动内容。

另外,商家要明白,做自媒体的本质是建立渠道,所以商家需要耐心去挖掘数据,包括一些用户标签、关注点的分类整理等,建立一个可以和用户良好沟通的渠道,维护和用户之间的"强关系"。

搞活粉丝经济,实现商业增值

粉丝经济,泛指架构在粉丝和被关注者关系之上

---

[1] 李莫.黄太吉卖到四千万的煎饼微博营销.实效管理.2013年07期.

的经营性创收行为,被关注者多为明星、偶像和行业名人等。

如今,粉丝经济的适用范围已经大大扩展,网红、自媒体、商家、企业甚至个人都可以拥有自己的粉丝;围绕粉丝的创收行为,都可以视为粉丝经济。

知名自媒体人罗振宇称,"未来的商业,我们有一个大胆的猜想,在未来几年我们不妨共同地小心去求证,这也是2013年我听到的最好的商业格言:未来的品牌没有粉丝迟早会死。工业时代,你只需要有顾客和用户即可,而未来时代没有你的社群,没有你的粉丝,你就是死。"

不少实体店经营者都存在这样的困惑——

为什么店铺刚开业的时候,顾客很多,过了开业期,顾客就越来越少了呢?

为什么顾客川流不息,但都是"铁打的营盘流水的兵",却始终没有真正忠诚于自己的客群?

管理大师彼得·德鲁克曾说:"衡量一个企业是否兴旺发达,只要回头看看其身后的顾客队伍有多长就一清二楚了。"

线下实体店要想把生意做大做好,无非就是两件事情:稳住原有的老顾客,不断把新顾客变成老顾客。

如何做到这两点？

需要具备"粉丝和互粉精神"。传统实体店经营者的商业思维往往是"单机版"，较少考虑顾客需要什么样的产品和服务，更多是站在自己的立场去推销商品和服务给顾客。

在互联网时代，线下实体店也需要粉丝，需要将顾客尤其是忠实顾客变为粉丝；要具备粉丝经济的思维，懂得迎合和取悦粉丝，懂得跟粉丝互动，这样粉丝就愿意跟着你，而且越"炒"越多粉。

粉丝和互粉精神的本质，在于更强调对粉丝（对顾客）的迎合和互动。在互动的过程中进行品牌的广而告之，根据粉丝的个性化需求，做好产品、服务的延伸扩展，满足粉丝需求，让顾客感觉开心和满足。顾客和店铺之间互相欣赏，彼此喜欢，把"弱关系"变成"强关系"，打造持续发酵的口碑效应。

这正是一个粉丝营销的完美闭环（见图8.6）。

图 8.6　粉丝营销示意图

社交时代,粉丝已经从"被动接受者"转变为掌握传播主导权的"主动参与者",他们不但是市场消费的主体,也是引领市场潮流的意见领袖。

在此背景下,商家应通过发掘粉丝潜能、重新定义同消费者的关系模式,打造粉丝经济生态链。

在粉丝营销上,名创优品的做法值得借鉴。2015年上半年,名创优品的微信公众号就吸附了超过 800 万名的粉丝。

早在开通公众号之初,名创优品对其定位是,只做消费者朋友的社交媒介平台。在这个平台上——

名创优品从粉丝需求入手,去充分挖掘他们的兴趣点,分析他们的注意力,深入研究他们的语言风格,结合时下热点打造话题内容,和粉丝做深度互动。在微信公众平台上,名创优品更多提供的是服务和体验,而不是一味地推送广告宣传信息。公众号主要通过热门有趣话题的互动,带来活跃流量,形成口碑传播,在更广泛的范围内实现话题发酵。

在这个过程中,粉丝就渐渐产生了品牌黏性。

实体店社群营销怎么玩

先了解几个概念:

什么是社群

传统意义上的社群,符合如下特征:有稳定的群体结构和较一致的群体意识;成员有一致的行为规范、持续的互动关系;成员间分工协作,具有一致行动的能力。

什么是网络社群

艾瑞咨询曾给网络社群下了一个明确的定义——

有共同爱好、需求的人组成的群体,有内容、有互动,由多种形式组成。社群实现了人与人、人与物的连接,提升了营销和服务的深度,建立起了高效的会员体系,增强了品牌影响力和用户归属感,为企业发展赋予新的驱动力。

网络社群同社区、社交网络有所不同(见表8.1)。

表8.1 网络社群同社区、社交网络的区别

	网络社群	社区、社交网络
形成	社群的形成由管理者主导	完全由个体主导
结构	社群是制度化的	社区、社交是自由化的
关系	强关系	弱关系
输出	传播较慢	传播快

网络社群相对于社区,属互动性更强的"强关系",社群成员之间往往建立了强连接(见图8.7)。

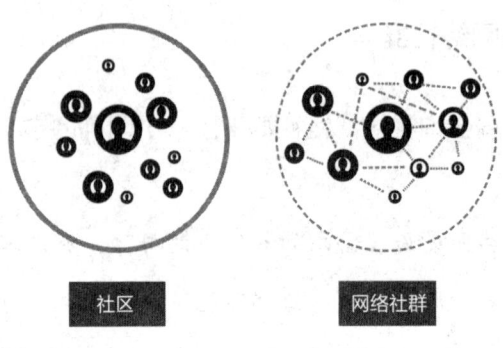

图 8.7 网络社群和社区的拓扑图

什么是社群经济

有社交的地方就有人群,有人群的地方就有市场,有市场的地方就有商机,就有经济利益。

小米公司有一套独特的福利吸粉模式,通过促销、优惠、新品特卖等手段吸引粉丝参与,为品牌聚集人气。其中,"米粉节"是小米公司回馈众多"米粉"(指小米公司产品的狂热爱好者)的一个典型节日。小米公司会在该节日利用极其诱人的促销折扣吸引粉丝疯抢产品,创造了一个又一个销售奇迹。比如,在 2016 年的米粉节,小米总销售额突破 18.7 亿元,累计参与人数 4683 万人,游戏参与 10.2 亿次。

这种直接的让利吸粉模式,形成了庞大的米粉社群,这也是小米公司的高忠诚度的社群——小米粉丝社群。

星巴克也很擅长对社群营销的操作,在Twitter(推特)、Instagram(著名图片分享网站)、Google+(一个SNS社交网站,可以通过谷歌账户登录)、Facebook(脸书)等互联网社交平台上,我们都可以看到星巴克的身影——

在Facebook和Twitter上,星巴克向粉丝推广新产品,顾客可以从中了解新品资讯、优惠福利等。

在Twitter上,星巴克也展开了针对粉丝的宣传,并通过文章引流,形成粉丝社群。

星巴克还通过与Foursquare(一家基于用户地理位置信息的手机服务网站,鼓励手机用户同他人分享自己当前所在地理位置等信息)合作,进行抗艾滋慈善活动。顾客到星巴克消费,并在Foursquare上打卡,星巴克就会捐出1美元(约6.8元人民币)。在做慈善的同时,星巴克以较低的成本收获了大量的忠诚顾客,加入自己的社群阵营。

知名媒体人吴晓波认为,社群的商业意义表现在:

其一,社群能够让消费者从"高速公路"上跑下来,形成真实的闭环互动关系,重新夺取信息和利益分配的能力。

其二,社群让互动和交易的成本大幅降低,从而令优质内容的溢价得以实现,而消费者的支付成本也得以下降。

其三,社群能够内生出独特的共享内容,彻底改变内容者与消费者之间的单向关系,出现凯文·凯利所谓的"产销者"。[1]

在吴晓波的逻辑里,社群同优质内容有着重要关联。而免费的优质内容分享恰恰是聚拢人气、吸引粉丝、形成社群的关键所在。

能提供高质量内容的知识提供者是产生优质社群的源头,吴晓波介绍过自己亲身经历的一个案例——

"涨粉最多的那一天,一定是写出了一篇好文章。比如我写的《去日本买了个马桶盖》,当天就增加了1.8万粉丝,第二天又增加了1万。没有任何的侥幸,粉丝都是一枪一枪打出来的。"

只有当客户变成用户,用户变成粉丝,粉丝变成

---

1 吴晓波:我所理解的社群经济.吴晓波频道.2016年2月16日.

朋友的时候，才称得上是社群。

未来，是社群与社群之间的竞争，谁能吸引更多的优质用户进社群，谁能占用社群用户更多的时间，谁就能抢占先机，形成竞争优势。

在一个成熟的社群生态中，社群领袖要能够满足用户在参与感、热度、产品体验、信息补充、价值认同上的需求（见图8.8），如此，社群才能高效、良性运作。

图8.8 社群用户的五大需求

待商家将成熟的社群生态搭建起来之后，就可基于社群，进行精准的、高黏性的社群营销。

实体店的撒手锏——会员制

好市多能够保持低毛利的另一个撒手锏，就是会员制。事实上，商品销售毛利带来的利润，只是企业利润的一小部分，只够用于人事等日常开销，好市多的利润大多来自会员年费。进入好市多购物，必须有会员卡，其中执行会员每年年费为110美元（约750元人民币），非执行会员的年费则是55美元（约374元人民币）。2014年全年，好市多的销售利润为10亿美元（约68亿人民币），会员年费收入则高达24亿美元（约163亿元人民币）。

众所周知，实体店由于辐射范围有限，顾客数量有上限，近几年又被电商分流了部分客源，引流的困难越来越大，客流越来越分散。

从引流成本上来看，保持一个老消费者的营销费用仅是吸引一个新消费者的1/5，于是会员运营被实体店纷纷提上了重要日程，希望成为引流突破口。

会员制不是新事物，在新的商业环境下，要想将会员营销做出新意，需要注意以下几点——

转变思维方式

以往,店铺的会员运营通常站在自己的角度去设计,把会员当作分发促销通知的又一条途径,而没有去揣摩顾客的真实需求,未从顾客的角度出发,因此也就很难让他们感受到会员身份能给自身带来什么利益,导致顾客对会员身份并不热衷。

现在,为了更好地做好会员运营,实体店运营人员要更深入地运用大数据,在原有的"消费次数&消费金额"之类的简单分析逻辑之上,增添多种维度和指标,用于分析每个顾客的消费喜好:例如购物时间偏好、折扣敏感度、价格耐受度、新商品追求度、新品牌接受度等。综合各项参数,将会员的权益和属性与顾客的消费喜好进行匹配,才能吸引顾客对于会员制的真正兴趣,会员的好感度、忠诚度将会逐渐建立。

设定会员的门槛

为了保证会员的尊贵性,要为会员设定门槛值,避免将所有消费的顾客都当成会员。如果人人都能轻易成为会员,那么会员的尊贵和优越性也就无从谈起,对顾客的吸引力就会越来越小。

商家应根据当地的消费标准来制定规则,明确顾客需要一次性消费多少或累计消费多少金额,才可成为会员,并告知顾客会员的权利及会员升级的具体要求。

常规的会员权利一般有两种:一种是通过会员消费来积累积分,可以进行积分兑换;另外一种是会员可以比普通顾客在某些时间内或某些产品上获得更多的优惠,并可以参加店里组织的各类活动,享受某些增值服务等。

比如,尚品宅配的顾客可以通过消费获得对应的积分成为会员,积分可用于兑换家居类、厨具类等产品。另外,其会员有等级制度,达到相应级别,会有适用于该级别的各种奖励。但这个会员仅限 App 登记才可以加入,而且所有的奖励都只可以通过 App 来查询和换领,进而引导用户去使用 App 和其他功能。

科学设计会员权益

对于会员享有的权益,要从商家和顾客双方角度去科学考量,不可随意为之,以免留下隐患。

比如,某家洗车行开业之初为了拓展客户、发展会员,承诺会员只需300元就可以全年无限次洗车。结果可想而知,商家发展了大量会员,洗车的人每天都排长队,有的顾客三天两头过来洗车,有的甚至一卡多用,洗车行门庭若市。但尴尬的是,店里顾客虽然很多,商家却不赚钱,甚至于顾客越多越赔钱。

对大部分商家来说,不计成本的会员营销是不可取的。

做好会员档案管理

建立会员档案是会员管理的第一步,方便进行跟踪服务。在建立会员档案时,要根据顾客的年龄、性别、消费偏好、喜欢的服务方式、对促销信息的接受情况、价值观等信息进行有效的分类。老顾客和新顾客要进行区分,根据成为会员的时间长短进行电话跟踪、互动交流,拉近商家与会员之间的距离。

会员档案管理,要注意安全性,切忌将会员资料弄丢。比如,某理发店,用单机版会员系统来管理会员顾客的储值卡，但由于电脑突然中毒，系统重装，导致会员数据全部丢失，完全不知道哪些会员办了卡，卡里还有多少余额，给店铺经营带来了很大麻烦。

我们发现，很多门店在选择会员管理软件的时候很随意，有些店铺甚至用手写记录的方式管理会员信息。这种方式存在很大的安全隐患，很容易造成会员数据丢失，从而引发严重的损失。

建议商家选择云管理系统，将会员信息保存在云端，随时随地同步管理，解决后顾之忧。

第 9 章　模式融合

—— 全体验化的 O2O 模式

移动互联网时代，线上线下的界限开始越来越模糊，融合成为一个趋势，全体验化的便捷O2O模式正在成为现实。

实体店+O2O，线下生存新法则

O2O是指线上（online）和线下（offline）的商业机会充分结合，让线上互联网成为线下交易的前台，线下实体店成为交易的实体支撑。

O2O的概念源自美国，范围非常广泛，只要产业链中既可涉及线上，又可涉及线下，就能通称为O2O（见图9.1）。

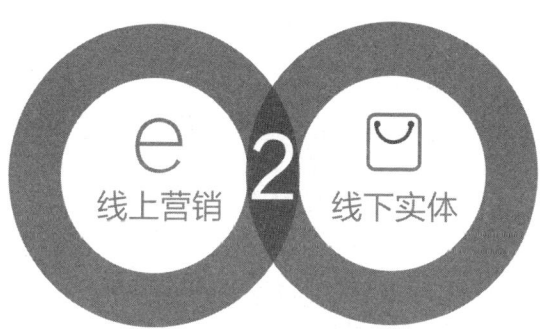

图9.1　O2O模式示意图

通俗地讲，如果一个商家，不论是电商还是实体店，只要能实现兼具网上商城及线下实体店二者，并且网上商城与线下实体店全品类价格保持一致的,即可称之为 O2O。

O2O 模式与 B2C/C2C 模式的区别

O2O 模式与 B2C(商对客,business to custome)/C2C(客对客,custome to custome) 模式的区别如图 9.2 所示。

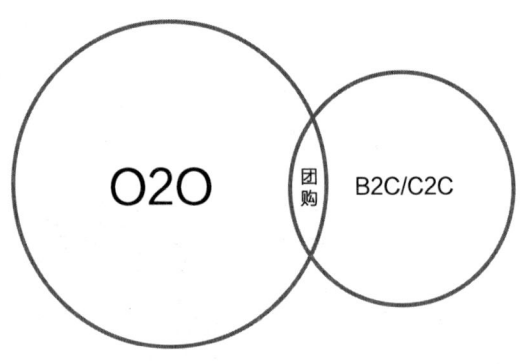

图 9.2　O2O 模式与 B2C/C2C 模式的区别

O2O 模式下,顾客在线上购买某项商品或服务,然后去线下享受服务。O2O 更侧重服务性消费(包括餐饮、电影、美容、SPA、旅游、健身、租车、租房等)。

而 B2C、C2C 模式下,顾客在线购买、在线支付或货到付款，购买的商品通过电商自建物流或第三方物流，送到顾客手中，B2C、C2C 更侧重实物交易（实物商品，如电器、服饰等）。

O2O 模式与 B2C/C2C 模式的一个交叉区域是团购，团购是一种特殊形式的商业交易形式，是低折扣的临时性促销。顾客通过电商平台，购买商品或服务的团购券，再持券前往实体店享受服务，比如团购的餐饮券、优惠套餐、电影票、各类景点门票等。

O2O 模式的构成

O2O 模式由线下商家、O2O 平台和顾客共同构成（见图 9.3）。

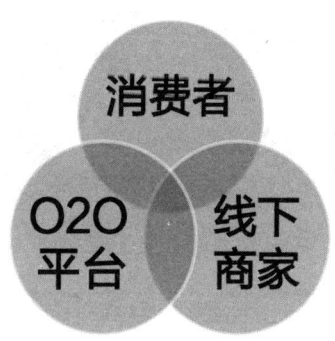

图 9.3　O2O 模式的构成

这种模式下——

首先,线下商家能够降低对地理位置的依赖,减少租金支出,借助O2O平台进行精准营销和客情维护。

其次,O2O平台能吸引大量高黏度的顾客,进而实现良性循环,争取到更多的商家入驻。

再次,顾客能及时了解全面、丰富的商家促销信息,能够快速筛选并购买适合自己的商品或服务,且价格优惠。

O2O模式能实现"线下商家—O2O平台—顾客"之间的价值传递和互惠共赢(见图9.4)。

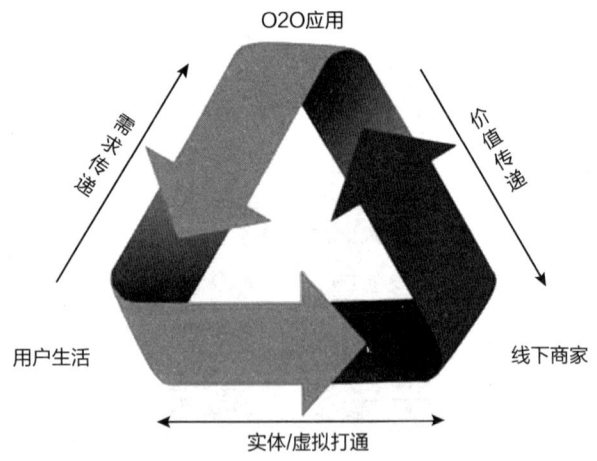

图9.4 O2O模式价值传递闭环

实体商业的机会

目前,大多数顾客都期待能够通过线上设备选购、支付和预订商品,又能在最方便的时间和地点于线下提取商品。

这为传统实体商业的 O2O 转型提供了发展契机。

2017 年 4 月初,刘强东宣布百万京东便利店计划正式出炉。未来 5 年,京东要在全国开设超过 100 万家便利店。其中,一半在农村,每个村都有。这是继 2014 年 11 月,1 万家京东家电专卖店后,京东计划上线的第三个线下合作项目。

尚品宅配还更进一步,已经由 O2O 模式发展到了 OAO(online and offline)模式。

O2O 模式强调从线上到线下,核心是将线上的顾客带到现实的实体店中去;而 OAO 模式更强调线下和线上有机融合,实现线上线下一体化,资源互动、信息互联、相互增值。

以往,尚品宅配更多关注的是那些产生销售业绩的客户,现在他们则更多思考产品与目标人群、用户之间的联系在什么地方。以"先有用户，再有客户"营销思想为基准，尚品宅配逐渐形成了一套自己的OAO逻辑——线上抓社区和链接，线下抓用户和体验。

一些有先见之明的商家已经迈出了第一步，O2O模式被视为实体店的未来方向之一。与电商相比，店商在空间情景、人员服务、商品展示等方面优势明显，就看实体店经营者如何通过这些优势来提升顾客的购物体验。做到这一点，才能将转移到线上的顾客重新拉回来。

未来实体店的定位应当是，成为顾客即兴购买商品与服务的社区服务中心和生活百货馆，即消费解决方案提供者。

实现线上线下的有机融合

移动互联时代，线上与线下不再是绝对的对立关系，而是"你中有我，我中有你"。电商在布局线下，传统实体店也在进军线上，线上与线下已经实现高度融合。O2O全渠道将是实体店的未来，这已成行业共识，实体零售商也都在投资打造线上线下融合的多渠道及数据设施，甚至呈现后来居上的态势。

线上线下的界限开始越来越模糊，融合成为一个趋势。

案例一

赵女士是一名购物达人，2016年"双11"期间，她在某家具旗舰店，看中一款真皮沙发，标价8880元，选择送货上门并安装还需另交200元。赵女士没有贸然下单，她发现同品牌同款沙发在实体店的标价也是8880元，还可以享受9.7折优惠，而且免费送货上门安装。

经过比对，赵女士选择在实体店购买，优惠力度更大，还节省了安装费用，送货效率更高。

案例二

小王在某购物网站看中一款阿迪达斯T恤，标价169元，这个价格低于商场专柜标价，高于网上同款的平均售价。小王担心网购到高仿商品，便到商场专柜找到了同款，发现打折后价格为179元。

小王毫不犹豫地选择了在实体店购买,一来专柜优惠力度很大,二来不用担心买到假货,还能试衣体验。那10元的差价,在小王看来几乎可以忽略不计。

上述两种情况,尽管同时涉及线上线下,但最终的成交方比较容易界定,都是"电商引流,实体店成交"。

另有一种情况,线上线下商家高度融合,甚至合二为一。这样无论顾客选择在何处购买,最终的收益都归属企业同一方,实现了"一对一"精确引流。

比如,顾客前往某商场VERO MODA专柜,发现了喜欢的一款外套,但没有适合自己的尺码,于是在店员的推荐引导下在该品牌的天猫官方旗舰店下单。

再比如,某模型玩具店通过微信朋友圈发送商品信息,顾客看到信息选择了网上支付、快递上门的购买方式。

以上交易模式,从统计学上已经很难辨别出成交的实际归属方为电商还是店商,但最终受益的都是商家和品牌。

移动互联时代,电商和实体店、线上和线下的界限已经变得模糊,电商在布局线下,传统电商也在进军线上,线上与线下已经实现高度融合。所谓融合,就是"我中有你,你中有我;你为我服务,我为你服务",是一种互为依存的生态关系。

线上线下的融合有多种方式,主要取决于以下几点:

◆线上购买能不能线下退?
◆线下购买能不能线上退?
◆ A 店购买能不能 B 店退?
◆线上购买能不能线下试?

但实际上,大部分商家目前做不到以上几点。如果做到了这些,才是真正的"OAO",才能为顾客带来超爽的消费体验。

线上线下融合后,有以下几个优势:

第一,实现优势互补。实体零售的真实性、重体验性,是电商所不具备的,也是其无法替代的。未来的线上与线下将共生共存,正如王健林所言:"我觉得不是胜负,我觉得双方(电商和实体店)都能活。"

第二,大数据能真正形成闭环。O2O 强调"闭环",在线上,用户往往不情愿将详细的个人信息透露给网站,而线下则不同,商家能够很容易收集到顾客详细的个人信息。通过线下的实体店，深度挖掘顾客资源，再通过大数据分析，在线上为顾客提供更好的服务和体验，可以形成数据层面的O2O闭环。

例如，在尚品宅配的线下门店，顾客进店后，通过门店自带Wi-Fi连入网络，输入唯一的密码标识（如注册的手机号），设在店内的传感器就会自动收集顾客在门店内的停留时间和行走轨迹，再结合线上的访问数据，综合分析顾客喜欢的家具款式、风格等，最后转化成可供经营参考的数据。

提供全渠道的统一体验

如果顾客打算前往某家实体店购买商品，但商店不在营业时间。这种情况下，顾客会做出什么反应呢？

如果是以前，顾客只能等到商店开门再去购物；但是现在，顾客被各种移动设备包围，面临无数的消费选择，顾客变得越来越没有耐心，他们不愿意等待，希望能够即时购买，即时得到自己渴望的商品、服务。商家如果无法满足顾客的这一需求,顾客就会转而寻找下一家。

可以这么说,随着移动物联网的普及和线上线下商业的高度融合,零售已经进入"4.0时代"(见图9.5)。

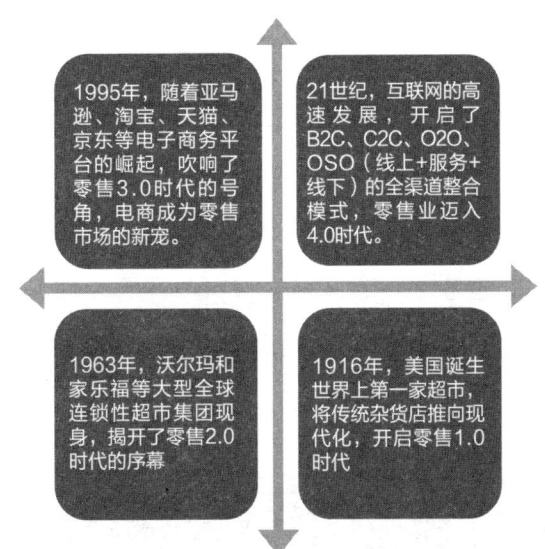

图9.5 零售业1.0~4.0时代

零售4.0时代是指以顾客为中心,整合线上网店和线下实体店,打造全渠道消费,旨在为顾客提供一致性、无缝的全流程消费体验,满足顾客购物消费、娱乐和社交的综合体验及需求。

零售4.0时代,传统实体店转型升级势在必行,可以从以下几个方面入手——

满足顾客全渠道消费需求

全渠道零售是实体商业逆袭的关键。如今,顾客的购买渠道越来越多,越来越便捷。有时候顾客一次购买行为可能要横跨几个渠道。比如,顾客在实体店看到一款服装,经过试穿,找到适合自己的号码,出于更实惠的考虑,最后决定在网上购买。

零售4.0时代,任何一个被独立分割的渠道都不能有效满足顾客的需求。因此,实体店要着眼于布局全渠道,打通各个环节,充分增加顾客的接触点(见图9.6),让顾客能够突破时间和空间的限制,享受随心所欲的便捷购物、便捷消费。

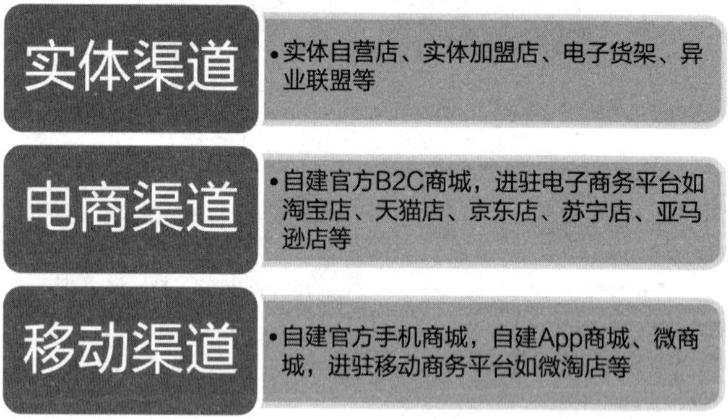

实体渠道	• 实体自营店、实体加盟店、电子货架、异业联盟等
电商渠道	• 自建官方B2C商城,进驻电子商务平台如淘宝店、天猫店、京东店、苏宁店、亚马逊店等
移动渠道	• 自建官方手机商城,自建App商城、微商城,进驻移动商务平台如微淘店等

图9.6 全渠道的消费接触点

提供一致性的服务和消费体验

甲骨文于 2015 年发布的《零售无国界——洞察现代商业零售业》报告显示,高达 78% 的受访者称全渠道体验是提高消费体验的关键,他们希望所有渠道都能提供统一的消费和服务,包括商品品质的一致性、服务水准的一贯性、价格的一致性、产品或品牌信息的高度一致性、服务的无差别一致性、顾客体验的全周期一致性等。

现实商业环境中,最目光短浅的行为莫过于,线下商家将团购顾客和到店实消(现场消费)顾客区别对待(区别服务、区别标准、区别区域),这种歧视性的服务,会招致顾客的反感甚至是愤怒。

确保支付手段和方式的通用性

线上和线下渠道的有效融合与互补,只是第一步,让顾客享受到便利和价值才是目的。要实现这一点,实体店经营者还要确保支付手段和方式的通用性、便捷性。比如在购物券的使用上,商家需要在支付方面做出调整和改变,确保只要是本店(企业)的购物券，线上和线下都可以使用；具体的使用方式要提前在技术层面予以实现，只有这样才能吸引顾客，从而提升产品／服务竞争力。再就是支付方式要与时俱进，提高适应性，支持目标消费人群常用的各种支付方式（支付宝、微信、百度钱包、信用卡等），来提高经营效率，提升顾客的消费体验。

同款同价的 O2O 模式

实体店之所以会沦为电商的"试衣间"和"线下展厅"，根源在于同款商品线上线下不同价，线上价格往往要低于线下价格。这种情况下，顾客出于经济的考虑，追求个人利益最大化，选择价格更实惠的网购，也就不难理解了。

同一品牌，同一种产品，线上线下不同价的结果是，线上销售情况越火，则线下关店势头越猛。线上价格优势是制胜的关键因素，只要同款产品线下高于线上定价，那么实体商家迟早会被自己打败。

需要澄清的是，由于顾客并非专家，对产品的定位、生产工艺、用料等流程疏于了解，在很多时候，会将线上线下不同价的产品误认为是同一款。

通俗地说，顾客双眼所看到的"线上线下同款不同价"，未必就真的是同款。具体又有以下几种情况：

第一，线上高仿（或假货），线下正品，线上线下不同价。

有过网购经历的买家都有这种经历：某品牌服装，网络售价和商场专柜售价相差悬殊，专柜标价上千元的服装，网店只卖三四百元，只有专柜正品的3~4折。于是，顾客无不争相购买，认为自己在网上捡了大便宜。

现在网店的运营成本不亚于实体店。那么，这些便宜又正宗的"正价货品"，究竟是从哪里来的？

答案很简单！仿货，或假货。

一个正品，一个仿冒，价格相差悬殊，也就合情合理了。只不过，这对于实体店不公平。

第二，线上线下看似同款，但不同价。

随着网购的兴起，顾客被吸附到线上。传统商家吃透了顾客的心理，顺势推出各种网络专供款产品。

网络专供，顾名思义，只供网络渠道销售。同实体商场、专柜供应款相比，从外观上，几乎识别不出差异，"貌似"同款。但网络专供款，由于价格更低，虽然质量没问题，也属正品，但在用料上可能和专柜款有所不同。

而在大型家电领域，"差别供货"早已是公开的秘密。为了应付那些爱打价格战的电商，生产厂家就单独为电商渠道定制"专供机型"。

如果线上与线下渠道，能够做到同款同价，实体店就有可能崛起。

我关注过两个品牌，在线上和线下都做得很成功。

一个是优衣库，自2009年入驻天猫后，就一直坚持线上线下同款同价；另外一个是海澜之家，也奉行线上线下同款同价的经营策略。

目前来看，这种策略是成功的。两家企业线上渠道销量在迅速增加；与此同时，线下实体店也在逆势增长，不断增开新店。

当然，线上线下同款同价，说起来容易，实则背后会涉及错综复杂的利益，也事关品牌的运营水准。这是针对大型连锁品牌而言的。对于中小型实体商家，由于其议价能力有限，更难以实现"线上线下同款同价"。

O2O 的流量共享模式

线上向线下导流是 O2O 模式的实践,其核心是线下实体店,主要目的是通过 O2O 模式来为线下实体店导流,提高线下实体店成交量。

线上向线下导流,适用于品牌号召力较强、影响力较大的实体商业,具体导流模式有优惠券、门店查找、品牌宣传、数据营销等(见图 9.7)。

1. 线上发放优惠券,供线下实体店使用,增加实体店销量

2. 通过位置定位功能帮消费者快速找到门店,为线下实体店导流

3. 收集线下实体店用户数据,进行精准营销,提高成交率

4. 线上发布新品(服务)预告,吸引用户到店试穿、试用,刺激购买欲望

图 9.7 线上向线下导流的四种模式

优衣库打造的 O2O 闭环，主要目的就是为线下实体店提供引流服务，帮助线下门店提高销量，并做到推广导流效果可查、每笔交易可追踪。

在优衣库的"门店 + 官网 + 天猫旗舰店 + 手机 App"多渠道布局中，优衣库的手机 App 可以支持的功能如图 9.8 所示。

图 9.8 优衣库手机 App 支持功能

其中的在线购物功能，是通过跳转到手机端的天猫旗舰店来实现的。优惠券发放和线下店铺查询功能则主要是为了向线下实体店引流，增加用户到店消费的频次和客单价，提高实体店经营绩效。

目前来看，优衣库已经有效实现了线上线下的双向融合。

首先，App上设计的优惠券、二维码都是为引流而设计，顾客手持App，只能在线下实体店内才能扫描使用。

其次，优衣库线下实体店内的商品和优惠券二维码，也只匹配优衣库的App，从而可以将线下实体店的顾客吸引到线上，提高App的下载量和用户量，培养忠实的顾客，实现线上线下融合的良性循环。

除此之外，现代移动支付手段也值得线下商家关注。

"我昨天在西单吃饭，埋单的时候，店员说有三种支付方式：现金、刷卡、微信。我就选择了用微信支付，因为这样更加方便快捷，而且还有小礼物送。埋单的时候只要扫描二维码，输入台号，系统就自动显示出你消费的金额，这个过程很有趣。通过扫描二维码，我也自动成为这家餐厅的会员。"一位顾客说。

线下商家增加新的线上支付方式，首先能够提高结算效率，减少顾客等待时间。目前，很多线下商家引入的微信、支付宝等快捷支付方式，过程之迅捷已经到了让人惊讶的程度。店内服务员手持移动终端只需在付款码上一扫，即可完成支付，甚至连密码都无须输入，整个过程只有几秒钟，让人叹为观止。商家引入现代移动支付手段并不仅仅是增加一个支付通道，更重要的是打造一种新的门店模式，给顾客带来更好的体验。

第10章 智能店铺

——积极拥抱互联网

万科创始人王石说过一句话:"淘汰你的不是互联网,而是你不接受互联网。"

实体店的互联网思维

这个世界上没有绝对的传统企业,也没有绝对的没落企业,只有传统的思想、理念和行动。

互联网时代,很多传统实体店之所以被电商打得满地找牙,其实本质上并不是技术的问题,而是思维的问题。

万科创始人王石说过一句话:"淘汰你的不是互联网,而是你不接受互联网。"生存在互联网时代,每个企业都应该学习互联网思维。

传统商家如果善于将互联网工具、手段跟自身实际情况结合起来,为顾客提供更多增值服务、更人性化的产品、更极致的体验,提高管理运营效率,那么不仅不会被电商颠覆,还会活得如鱼得水。

但是,实体商业如果排斥互联网,拒不将互联网当成工具同自己的行业相结合,那么,最终淘汰你的是完成了互联网转型的同行。就像第一次工业革命中的蒸汽、第二次工业革命中的电力,首先掌握这些新能源的企业会具备先发优势,成为创新型力量。而当所有的企业都掌握了这些资源之后,它们将变身为最基本的工具、最基础的生产资料。

互联网时代,实体店经营的打法完全变了,再固守传统思维,注定会四处碰壁。

所谓商业的互联网化,主要表现在两个方面:

第一,商家将重新构建跟顾客之间的关系;

第二,商家利用互联网工具改造内部经营流程。

为了更好地说明互联网思维在商业实战上的魔力,我们来看一个案例。

在北京环球金融中心,一个40平方米的门店里,24岁的湖南常德人、北京大学法学院即将毕业的硕士研究生张天一在这里开了一家牛肉粉店——伏牛堂。它的海报招牌上写着:"硕士粉,良心粉"。和他一起创业的小伙伴有硕士、MBA,还有前公务员。目前伏牛堂估值过亿,经营得红红火火。

我们可以从这些新型的互联网品牌餐饮店中,找到一个普遍的现象,那就是,它们不只单纯地卖煎饼果子、卖牛肉粉,它们更多的是带着互联网思维在经营。比如,黄太吉创始人郝畅本身的知名互联网企业从业经历,以及张天一和他的创业伙伴们打出的招牌"硕士粉,良心粉",在创业初期,即借自己的身份制造了噱头,在互联网上来运作宣传。

那么,互联网思维到底是什么呢?

阿里巴巴集团学术委员会主席曾鸣认为,互联网精神是八个字:平等、开放、互动、迭代;小米的雷军表示,互联网的核心思想是七个字:专注、极致、口碑、快(见图10.1);黄太吉的郝畅则总结出十个字:文艺复兴、小时代、社群、势。

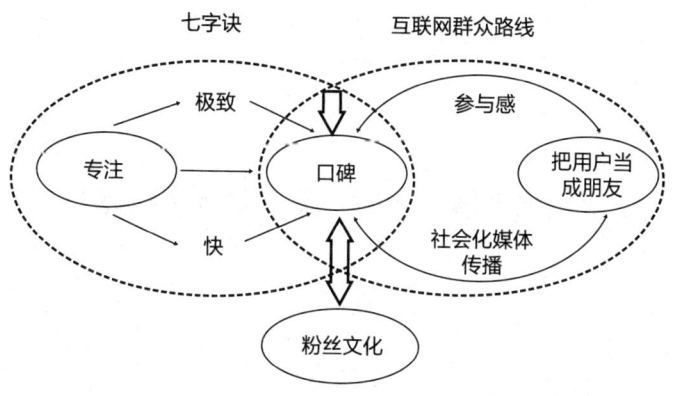

图10.1 互联网思维"七字诀"[1]

---

[1] 根据雷军互联网思维手稿整理.

在互联网思维下，实体店应该——

◆依托互联网做传播，找到目标客群，也让目标客群认识你，进行参与、互动。

◆以用户需求为导向进行产品开发、服务设计，根据找到的目标客群做精准型"窄众产品"。

◆微小改进，快速迭代，以互联网手段收集反馈信息，迅速改进产品、服务，进行再传播。随着功能、服务、产品线的完善与扩充，逐步扩大目标人群。

需要注意的是，互联网思维如同一个中药方子，每一味药都常见，配在一起却可能有奇效。

智能化零售：重新打造"数字化实体"

零售顾问道格·斯蒂芬斯曾对"顾客体验"做了一个定义，他表示，顾客体验就是零售商精心地、点对点地设计和每一个用户的交互；这一切从用户发现、意识到一个品牌或店铺开始,直到支付结束。尽管方式可能有所不同,但是"顾客体验"在每个渠道的逻辑都是相同的。

互联网时代,实体店"四面墙壁+漂亮的商品陈列"已经远远不够了,商家和顾客交互的内涵和外延进一步扩展,试图通过全渠道来满足顾客的线下商家必须好好思考如何才能借助互联网技术完成数字化转型,打造智能化零售空间。

互联网技术最重要的两个特征,是连接和交互,就是以顾客为中心,连接顾客,与顾客进行交互。

"不怕竞争,就怕不公平竞争。"北京超市发连锁超市公司总裁李燕川说,"不了解互联网时,心里打鼓。但等到熟悉了、会用了,线下企业反而欢迎竞争。现在的主要矛盾不是竞争,而是线上和线下在某种程度上处于不公平竞争,不利于线下零售业的平稳转型。"[1]

在很多实体店经营者看来,有必要学习利用互联网等新技术来实现经营方式的跨越。而一旦掌握了互联网技术,线下商家将在消费体验、价格、售后等方

---

[1] 龚雯,杜海涛,王珂,林丽鹏.实体店还有未来吗.人民网.2015年7月13日

面展现优势，完全有能力同电商相提并论。

事实上，互联网技术正在深入渗透和应用于线下实体店的各个角落，大数据、Wi-Fi、电子标签、智能货架、自动收银、自动打包、移动互联、线上App等技术正在推动线下实体商业的技术革新。

未来，实体店的终极模式，就是要借助互联网、移动互联网技术，将之逐渐升级成"实体+智能"于一体的"数字店铺"。

比如，在店面的适当位置，添加可以无缝连接物联网的数字货架、智能电视、数字橱窗，用于点击可播放产品、服务使用示范和品牌宣传，并借助免费Wi-Fi和会员接入等，通过移动手机客户端App、网店、微店，以及微信、微博等社交媒体平台，实现线上线下对顾客全天候"随时、随地、随心"的无缝连接，实现实体店"六化"，即Wi-Fi化、无线化、体验"逼格"化、线上化、数据化、"屏幕"化等（见图10.2）。

除此之外，还有一些新技术会深刻影响到实体店的未来（见图10.3）。

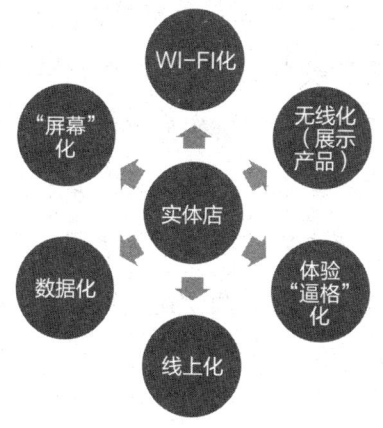

图 10.2 实体店互联网"六化"

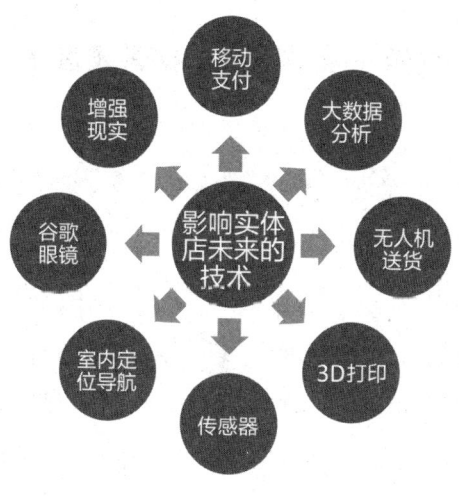

图 10.3 影响实体店未来的八大新技术

打造智能店铺,并没有想象中那么遥不可及。

2016年3月,英国的800余家星巴克增加了一项服务,目的是为了吸引带着婴儿的宝爸宝妈们。星巴克的服务人员会帮助宝爸宝妈们寻找座位、加热奶瓶、换尿布等。同时,他们还可以坐在凳子上,用App下单,店员会将餐点直接送到他们手里,免去他们要抱着孩子排队买东西的麻烦。这算得上是一种比较简单的"数字化实体店"体验了。

物联网+实体商业,提升顾客体验

物联网,最早叫"传感网",1999年在美国被提出,它是指通过射频识别(RFID)、红外感应器、全球定位系统、激光扫描器等信息传感设备,按约定的协议,把任何物品与互联网相连接,实现信息交换和通信,做到智能化识别、定位、跟踪、监控和管理的一种网络概念(见图10.4)。

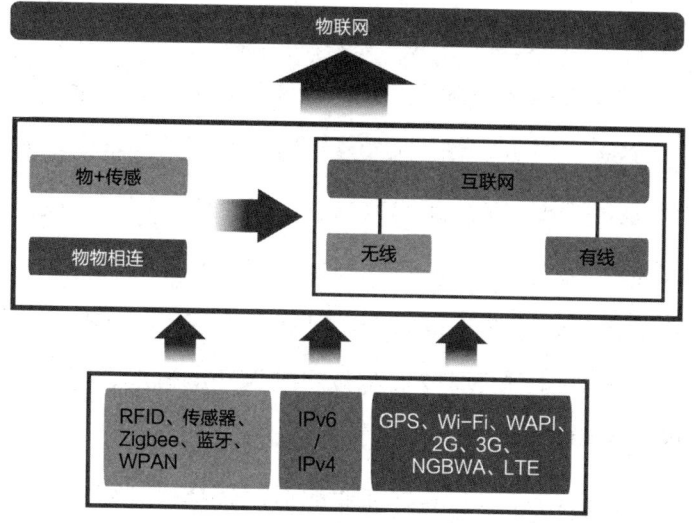

图 10.4 物联网示意图

物联网,简单来说就是物物相连的互联网,它包含两层含义:

第一,物联网是在互联网基础之上进行延伸和扩展的网络;

第二,其用户端可以扩展到任何物品之间,实现信息交换,物物相息。

物联网可以视为互联网的拓展与应用,这种应用以增强用户体验为核心。

物联网技术的发展,使得线下实体商业有机会做到实时跟踪存货和顾客的特性,改善用户体验,提高运营效率,从而强化竞争优势。

"当你推着满满一车东西走出超市大门,不会再看到收银员,因为通过收银系统时,射频识别读取器在瞬间识别出所有商品的数量和价格,银行转账系统据此从你的账户上划出相应的金额。这将让你免除排长队的困扰,节约大量时间。"这是山东省标准化研究院物流与自动识别技术实验室副主任苏冠群,对物联网技术在零售业运用的场景展望。

物联网技术在实体商业的运用架构可分为四个层次(见图10.5)——

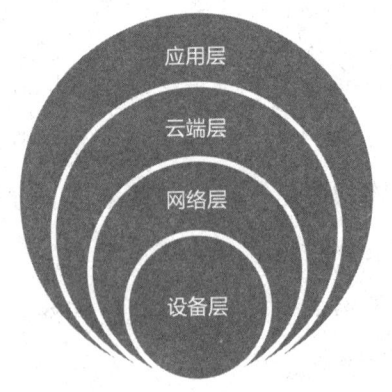

图10.5　物联网+实体商业运用架构的层次

首先,由设备层负责收集信息;接着,通过网络层将信息传输至云端;然后,云端将信息进行汇总分析，得出精确结论，并借以执行改善措施；最后，由应用层负责落实。

借助物联网技术，线下实体商业可以找回自己的独特价值。曾任英特尔公司高级副总裁兼物联网事业部总经理的戴佟森表示："用不了多久，实体零售就会像电子商务一样便利。不同的是，实体店可以提供个性化、沉浸式的购物体验——而这是在线平台所不能比拟的。"

物联网对实体商业的提升主要体现在以下几个方面——

优化顾客体验

首先，商家通过扫描商品的射频标签，可以了解到很多关于顾客的商业信息：购物习惯、消费时段、消费金额等，进而对顾客进行一对一的针对性服务。

其次，智能设备的使用，让顾客体验得到进一步提升。比如服装店智能穿衣镜，顾客无须来回试穿衣服，即可展现出各种服装搭配的效果，体验更魔幻。

再者，实体店可以通过智能互动数据来调整店内设施布局，优化顾客体验。比如，德国奢侈男装品牌

Hugo Boss（雨果·博斯）就已尝试在其服装店里安装热传感器来追踪客户的走动，以此帮助店长将其高端商品摆放在客流密集的区域，使顾客更容易找到。

提高运营效率

通过智能云端信息的共享，零售商的仓储部门可以在第一时间获知商店货架的"空架"情况，提醒店员及时补货。

智能支付扫码技术，可以提高收银效率，减少收银员的人力成本支出。

降低运营成本

除了能够有效降低人力成本，基于物联网的传感器能够让店铺相关人员实时监控照明和温度控制，随时进行调整设置。这样做，一来可以提高客户的舒适度；二来也可以更加有效地利用能源，减少开支。

止损 + 防盗

通过智能传感器，能够及时感知店内的温度变化,据此就可以有效降低店内生鲜商品由于温度变化而带来的损耗。假如有人在店内盗窃,也可以通过监控在第一时间获知,进行防盗。

利用"黑科技"增强店铺体验感

什么是"黑科技"

"黑科技"是日本动漫《全金属狂潮》中的术语。原意指非人类自力研发,凌驾于人类现有的科技之上的知识;引申为以人类现有的世界观无法理解的猎奇物,缺乏目前科学根据并且违反自然原理的科学技术或产品。

在国内,"黑科技"被引申为高科技演变出来的更强大、更先进的技术及创新、软硬件结合等,也包括对现有技术的改进升级和对现有产品使用体验的升级等。更多的是指那些现实生活中让大家"不明觉厉"

（网络用语，意指虽然不明白对方在说什么、做什么，但是感觉很厉害的样子）的新硬件、新软件、新技术、新工艺、新材料等。

如今，一些"黑科技"开始被一些"高大上"的线下商家用来改善门店体验。

比如，在茵曼家的体验店中，顾客能获得一些新奇的体验——

情感机器人。茵曼体验店内的机器人叫"Super曼"，是一款基于云端、具有情感功能的类人型机器人。它可以通过顾客的面部表情和说话的语调，来判断顾客的情感状态，并通过表演、对话等方式，为顾客提供充满奇趣的互动体验。

"Super曼"被放在体验店门口充当超级迎宾员，它能够根据顾客心情状态进行互动，并且可以同顾客进行答题互动，对答成功的顾客，可以获得现金券或茵曼的定制小礼品。

人工智能"魔镜"。"魔镜"具备智能识别功能，当顾客手拿服装出现在"魔镜"感性范围内时，它能够即刻显示商品的细节信息，比如模特图、搭配图、细节图、色码、库存等。通过"魔镜"，顾客还可以查阅商品的买家评价，作为参考。

另外，在茵曼体验店，顾客还可以借助手机扫码，体验语音式导购，得到自助的语音或图像说明。

这些"黑科技"的引入，大大增强了茵曼线下店面的差异化体验度，为顾客提供了无与伦比的消费体验。

VR时代的体验营销

实体店体验式营销是一种突破以往"理性顾客"理论的营销模式，将顾客的理性与感性结合，商品本身的价值不再是顾客购买行为的全部，消费前、消费中和消费后的体验成为实体店经营的关键。

在目前的技术层级上，体验式营销的理论体系已趋向成熟，各种新奇的科技设备也被广泛运用于商家市场营销当中。

不过，VR（虚拟现实）技术的发展，以及下一代计算终端平台的革新浪潮让"体验"二字有了全新的表现形式及想象空间，这使得体验式营销能在VR时代下有更多维度的发展空间。

在VR时代，实体店的体验式营销可以打破时间、空间的限制，一部VR头盔式显示器，就能将店铺运营的所有相关信息连接到逼真的三维虚拟世界当中。特别是当显示镜头的分辨率、清晰度达到更高级的阶段时，大部分的实体产品都能以一种"拟真"的方式呈现在虚拟世界当中，让顾客能够比当今的2D平面更加直观、全面地了解产品的物理特性。

VR技术让商家有了更大发挥空间，让一些原本不可能的体验变为现实。

我们知道，体验式营销的核心在于提供极致的顾客体验，传统上那些缺乏交互性的体验方式只能给顾客留下浅层印象，若想给顾客带来更深度的体验、更深刻的印象，就务必要采取互动性、参与式的消费体验。

比如，在麦当劳的VR广告中，人们看到的不是新品推荐和优惠活动，而是各种奇思妙想的创新性互动娱乐体验，例如同"汉堡人"打架、为"M"标志填充颜色及帮麦当劳叔叔给孩子们分汽水等。

再比如，曾经颠覆了传统家居行业用户体验的尚品宅配，如今，自主研发了720°家居设计场景技术，该技术与虚拟现实头盔完美搭配，让顾客获得更完美的家居设计体验。

在尚品宅配的体验店，顾客只要带上VR设备，就可以清晰地看到未来之家的各种场景。顾客能够体验最真实的家居场景3D效果；可以给未来的家"试装"，颜色、材质、搭配可以随意进行更换，就像在服装店搭配试衣服一样；也可以随意切换视角，畅游各个空间，将墙面、地面、吊顶、家具、挂画及家中的每一个角落尽收眼底；还可以随心所欲设计出自己心目中最理想的家……

不过，目前由于技术所限，硬件普及率较低，且硬件不够完善——大部分VR头盔显示器的画面质量还不够清晰、设备比较沉重，这些问题都会影响顾客体验。但可以预见的是，在不远的未来，VR体验式营销将会越来越普及，逐渐登上线下商业的体验舞台。

重塑店员行为

在互联网思维下，除了借助科技来提高顾客体验，商家也要在内部管理和服务标准方面做大的革新，重塑店员行为。

店员必备的服务意识

不同的顾客期望值不同。要令顾客满意,就必须尽量满足不同顾客的需要。研究表明,有 20 多个因素是决定顾客是否满意的关键因素。但实质上这 20 多个因素都是围绕服务满意、理念满意而展开的。要让顾客满意,就必须做到这两个层面上的满意。

1. 服务满意

服务满意,就是要满足顾客对服务最基本的要求。其主要包括以下要素:

◆ 可靠性——正确无误,交货准时。

◆ 迅速应对——立即反应,正确、及时处理。

◆ 适合性——充分提供服务所需的知识和技能。

◆ 接触——热心接受委托,随时可取得联络,随传随到。

◆ 态度——有礼貌,谦虚,容易让人产生好感,衣着得体。

◆ 沟通——倾听顾客意见,对产品/服务的说明详细易懂。

◆信用度——负责为顾客提供服务的店员均可信赖。

◆安全性——身体的安全，财产的安全，尊重顾客的隐私。

◆顾客理解度——掌握顾客真正的需求，理解顾客处境。

◆有形性——舒适的环境、设施、工具、消耗品、价格表等。

店员如果能做好以上层面的工作，就能达到让顾客满意的基本标准。但要做到让顾客特别满意，这还是不够的，还需要提升服务的品质，做到让顾客理念满意——这是追求卓越服务的关键因素中的关键。

2. 理念满意

作为店员，应该发白内心地认同店铺的价值观、理想、目标和信念。这是激发店员创造卓越服务的动力。优秀的店员总能很好地回答以下的问题：

◆我们是怎样的店铺？

◆店铺最基本的价值观是什么？

◆店铺要在顾客心目中建立一个什么样的形象？

◆我该怎样去做才能够帮助店铺达到目标？

这些问题看起来十分简单，但并不是每一个店员都能回答得很完美。因此，在现实中，我们总能看到，能让顾客满意的服务不难做到，让顾客特别满意的服务却很难做到。

顾客在消费体验上的诉求在不断变化，顾客满意是个永恒的话题。在这个竞争白炽化的年代，永远也不要说"我们的服务已经够好了"这句话。顾客的需求在不断提高，满足顾客的需求正是商家不断前进的动力。

服务顾客的基本原则

只有满足了顾客的需要，服务才有机会得到回报。店员在为顾客提供服务时，务必牢记以下几项原则：

◆顾客永远是对的，因为只有他们才明白自己是否已经完全满意，是否得到了与他们所付出的金钱相称的回报。

◆为顾客提供服务,首先要学会帮助你的顾客。

◆店员的所有工作都是为了满足顾客的需要,其他一切都是次要的。

◆那些对你心有不满的顾客,对你而言并不是麻烦,顾客的抱怨可以说是给了你一个改正提升的机会。

◆请站在不满意顾客的立场上去看待问题,试想一下如果你处于顾客的位置,你会要求对方怎么做,只有这样,你才能更好地了解顾客的心理,并适时改变自己的服务。

◆当你接待心有抱怨的顾客时,你应该明白你是在挽留一名即将离去的顾客,而不是在挽救一笔即将失去的生意。

◆请将每一位顾客都当成长期顾客来进行耐心热情的接待。

顾客至上的服务理念

顾客是商家的生存之本,是店铺繁荣和发展的根基,因此,店员应对每一个光顾的顾客都给予充分的尊重和礼貌的接待,将顾客至上的理念彻底贯穿于日常工作之中。

我们以全球著名连锁快餐店"麦当劳"为例,来对"顾客至上的理念"加以阐述。

1. 服务顾客的经营理念——Q、S、C、V

这是麦当劳的最高经营理念,也是企业内部形象的标志。

Q:即品质、质量,quality 的第一个字母。

麦当劳要求员工无论在何时、何地,对任何人都要提供永不会打折扣的高品质产品。

S:即服务,service 的第一个字母。

麦当劳要求员工为顾客提供迅速、正确的服务,并且笑脸相迎。

C:即清洁、卫生,cleanliness 的第一个字母。

麦当劳公司对快餐店内部的清洁卫生有严格的规定。

V:即价值,value 的第一个字母。

麦当劳要求员工尽可能使每一位顾客都能感受到重视,达到最高满意度,认为来麦当劳消费值得。

2. 服务顾客的基本标准——T、L、C

这是麦当劳对所有员工的要求,同时也是它对自己形象的具体要求。包括——

T:即细心、仔细,tender 的第一个字母。

麦当劳公司要求员工在服务时,必须全身心投入,细心地为每一个顾客服务,不忽视任何一个细微环节。

L:即爱心,loving 的第一个字母。

麦当劳公司不仅注重赚取利润,还关注社会公益事业,为此经常出资赞助社会慈善事业,以此尽一份企业的社会责任。

C:即关心、关怀,care 的第一个字母。

麦当劳公司要求员工更加贴心地服务特殊顾客,如残疾顾客,使他们像正常人那样可以愉快地享受到在麦当劳用餐的乐趣。

3. 服务三大诉求——F、A、F

F:即快速,fast 的第一个字母。

指服务顾客必须在最短的时间内完成。

A:即正确、精确,accurate 的第一个字母。

麦当劳要求员工即使在用餐高峰时段,也要不急不躁且正确地为顾客提供所选餐点。

F：即友善，friend 的第一个字母。

指友善与亲切的待客之道，麦当劳要求员工不但要随时保持善意的微笑，而且要能够主动询问顾客的需求。

第11章　优化运营

——实施精细化管理

一流体验的背后，是高效的店铺运营系统！

一流的体验是表象,高效运营才是灵魂

1776年,亚当·斯密在《国富论》中提出"看不见的手"的命题,它的基本内涵是,只考虑个人利益的个体在经济生活中,受"看不见的手"的驱使,即通过社会分工和市场的作用,就可以达到个人富裕、国家富裕的目的。这里,"看不见的手"是一种在无形中产生作用的资本主义完全竞争机制。

在实体店经营中,也有一只"看不见的手"在起作用。

实体店一般包含两大系统:前台系统和后台系统。前台系统是大家可以看到的、感受到的、触摸到的、体验到的,是给顾客带来体验的系统;后台系统则是带来良好顾客体验的高效运营能力,这是一只"看不见的手",是店铺的核心竞争力所在,也是竞争对手很难模仿偷学到的一门艺术。

在国内线下商业大受电商冲击之际,日

本实体店却很少受电商的影响。表面看，是由于日本实体店的用户体验做得出色，甚至可以说达到了极致的体验；实际上，真正具有竞争优势的实体店，屹立不倒的根源在于其高效率的内在运营，主要表现在以下几个方面——

死磕低价采购

雷军曾这样描述过在好市多的购物经历："我在金山当高管时去美国出差，一下飞机张宏江博士就租了辆车直奔好市多。完了回来吹了半天，经他一煽呼，除了我之外所有9个高管都去了。结果晚上回来大家说东西太好了，我就问怎么个好。其实就一件事，便宜。所有的东西都比国内便宜，只有十分之一，一堆东西在北京得9000多元人民币，好市多只要900元钱。"[1]

好市多是最值得中国实体商家研究的标杆之一，它以极低的毛利率，保持着坚挺的会员忠诚度，它以销售贴近成本的低价产品著称，给顾客带来极致的购物体验，让顾客为之疯狂。

在采购上，好市多采取集中式大量采购方式，品

---

[1] 被雷军怒赞的Costco超市究竟是什么鬼？.金错刀频道.2016年7月14日.

类不多，但是数量巨大，以此获取谈判优势，提高议价权。这样，虽然顾客在好市多没有更多选择，但实际上好市多已经帮助顾客找到了最合适、最便宜、使用频率最高的产品。

在好市多，有两条不能触碰的经营红线——

第一，所有商品毛利率不得超过14%，一旦高出这个数字，需要上报CEO，并请董事会批准。

第二，外部的供应商如果给竞争对手的供货价格低于给好市多的供货价格，那么它的商品永远不会再出现在好市多的货架上。

严格执行这两条准则的结果就是，好市多的商品平均毛利只有7%，而沃尔玛的毛利率则在22%～23%。

勤进快销

日本实体店追求的是"快节奏高效率"，是勤进快销，经营者对于市场需求的预测非常精准，确保不会出现库存积压，从而降低产品仓储成本、提高资金周转率。这种经营效果是建立在以下核心能力之上的——

第一，对于商品的畅销情况进行精确预估和判断,在此基础上建立科学的库存管理体系。

第二,对商品进行高效推广、促销,纳入促销范畴的不仅包含过季、过时、滞销的商品,还包括最新的产品、畅销的爆品。

第三,建立涵盖"人、商品、资金"三位一体的考核体系,打造高效快捷的分销运营体系,根据用户需求打造快速反应能力和应对速度。

极致的单品管理

在零售业有一种说法:"世界只有两家便利店,7-ELEVEn便利店和其他便利店",日本7-ELEVEn堪称线下实体零售业的标杆,它在运营管理上有颇多独到之处。

被尊为"7-ELEVEn之父"的铃木敏文提出过一个"单品管理"概念,英语世界甚至以"单品管理"的日文发音为其创造了一个新的名词"tanpinkanri"。

所谓单品管理,就是店铺要依据经营假设来订货,做好经营预案,使不论某种商品实际需要多少订货,商家都能够应对自如,以此来掌控畅销商品,排除滞销商品。铃木敏文要求店员每天都汇报每一件产品的销售情况，那些不好卖的东西会被迅速清除。

这是一项复杂的系统性工作，但的确能提升实体店的运营能力、反应速度，且能直接提高利润率。

制度化管理：没有规矩，不成方圆

做餐饮的实体店老板基本都有一个头疼的问题，就是食材采购。一些常用的管理措施无外乎下面几种，但都存在一些弊端——

第一，老板亲自去采购或让亲戚去采购。

这样做的问题在于，一是老板精力有限，如果凡事亲力亲为，老板就只能做个体户，难以开出第二家、第三家餐厅；二是亲戚有时候也靠不住，在缺乏监督和约束的环境下，更不用说其他人了。

第二，一人采购，一人监督。

餐饮食材采购多是现金交易，并且菜价每天都处于变化中，难以监控。在利益的驱使下，采购和监督二人很容易形成攻守联盟，合起伙来欺骗老板。即使不能，一人购买，一人监督，中间也避免不了争吵，会大大降低工作效率。

更重要的一点是，本来可由一人完成的工作，现在交给两个人去做，增加了商家的人力成本。

第三，采取轮班制，让不同的人去采购。

采购是一项很专业的工作，如果让不懂行情、不懂规则的人去采购，很可能被小贩欺骗，买到质次价高的东西。

第四，固定采购人员，轮换监督人员。

首先，外行很难监督内行，采购可以很轻松地说服供应商配合自己演双簧；其次，采购人员每天被不同的人监督，本身也难以接受。

餐饮老板之所以挖空心思设计这些不甚奏效的采购制度，其实都是采购人员缺乏契约精神所导致的。

对于实体店日常经营而言，管理制度绝不是一个可有可无的东西，它是保证店铺正常运转的根基。

如何制定最合理的制度，然后严格贯彻执行，从而使店铺能以最好的状态运转，是每个实体店经营者都不能忽视的问题。

微博上曾有一个案例，非常有意思。

一个顾客和朋友前往一家不起眼的小面馆吃饭,由于饭店客人不多,那名顾客闲来无事,就跟老板闲聊起来。谈到如今的生意,老板唉声叹气不已,说自己当年最红火的时候曾在市中心开了一家店,那可是日进斗金啊,如今却是惨淡经营。

顾客表示不解,想知道其中缘由。

"现在的人太贼了!"老板说,"我当时雇了个会做拉面的师傅,在工资制度上总也谈不拢。

"开始我为了调动他的积极性,采取的措施是按销售量给他提成,每卖出一碗面这名师傅就有五毛钱的提成。客人越多他的收入也就越高。为了吸引客人,他开始在碗里放入超量的牛肉。你想想,一碗牛肉拉面才五块钱,我本来靠的就是薄利多销,他这样糟蹋牛肉,我还赚哪门子钱啊!

"后来看这种制度不行,钱都被他赚去了。我就换了一个分配制度,每月只给他发固定工资,当然比以前高了许多。我想这样他不至于再多加牛肉了吧,因为顾客的多少都和他的收入不再有直接关系。

"后来你猜怎么着?"老板说着心情有些激动,"你绝对想不到,他竟然开始往碗里少放牛肉,客人也都不傻,如此做法,把客人都赶走了。"

"他为什么要这样做？"那名顾客和朋友都感觉疑惑。

"牛肉的分量少，顾客当然不满意，生意慢慢也就变得清淡了。可他不管你生意好不好，反正工资是一样的，没人光顾了，他乐得图个清闲。"

这称得上是个最原生态、最贴近实战的案例，从中可以看出制度的分量。这个小案例还引起了不少专家学者和MBA（工商管理硕士）们的关注。在我看来，这家面馆的老板应该制定如下制度——

◆采取底薪加提成的薪酬制度，提高师傅积极性。
◆控制关键流程，比如加牛肉。
◆综合顾客满意度和利润情况来建立有效的奖惩制度。
◆面馆师傅的收入应该和老板的利润挂钩，而不能直接取决于销量。
◆面馆应构建良好的沟通、激励机制，让师傅感觉到被尊重，给予其精神上的奖励，提升其主人翁精神。

同样一个面馆，同样的人，同样的运营条件，只是不同的分配管理制度，带来的是截然不同的结果。所以一个店铺如果有不好的工作风气，那一定是制度的问题，只有制度合理了，才能使各项工作高效地进行。

仅仅有了合理的制度还不够，还要确保制度的权威。

管理学上有一个著名的"热炉法则"，它的基本是，当人用手去碰烧热的火炉时，就会受到"烫"的惩罚。这个"热炉"有以下四个特点，这些特点形象地展示了在维护制度落实时的惩处原则：

第一，预警性。炉子火红，不用手摸，一看就知道是热的，是会烫伤人的。管理者要据此对员工进行制度教育，警告他们不要违反、抵触制度，否则会被"烫到"。

第二，即时性。当你要试着去摸火炉时，立即就会被烫伤，绝不会拖泥带水。同样，对于违反制度的员工，也一定要让他们受到惩处。

第三，必然性。每次碰到火炉，都必然会被烫伤，不会有下不为例。对员工的惩处也必须在错误行为发生后立即进行，绝不拖泥带水，更不能有时间差，以便达到及时改正错误行为的目的。

第四,公平性。不管是谁碰到火炉,都会被烫伤,无一例外。这里强调的则是惩处的公平性,不管是谁违反了制度,都要被惩罚。

古今中外,能够反映"热炉法则"的例子不胜枚举,比如,孙武斩宫女治军、孔明挥泪斩马谡等。

每个市场化运营的实体店都应有自己的管理制度,经营者要做的是让这些制度变成员工不敢触碰的"天条",违反"天条"者必然要受惩处。唯其如此,才能维护制度的威严。

实施精细化管理

在国人的做事习惯中,充满了这样的词汇——"差不多""就这样""好像""或许吧""说不定""大概""点到为止""只可意会,不可言传"等,它们背后反映的是做事态度的不认真,细节管理专家汪中求称这种态度为"马大哈文化"。

这是实体店实行精细化管理的对立面和阻碍因素。

举一个煮鸡蛋的例子。大家在家里煮鸡蛋,无非找一口锅,放上水和鸡蛋,打开火,煮上五到八分钟,觉得差不多了,关火取鸡蛋,放凉水里冰一下,就完成了。如果采用精细化的方式,该怎样煮鸡蛋呢?

在日本的超市里,鸡蛋售出时都会附赠一份说明书,写着煮鸡蛋的步骤——

◆ 采用长宽高各4厘米的特制容器。

◆ 加水50毫升左右,放入鸡蛋。

◆ 水烧开后,过3分钟后关火。

◆ 利用余热再煮3分钟。

◆ 凉水浸泡3分钟。

这样煮出来的鸡蛋,不但生熟适度,并且能节约4/5的水和2/3的热能。

什么是精细化,这就是最好的回答。

如今精细化管理已经成了一种理念、一种文化。精细化管理是源于发达国家的一种企业管理理念,它是社会分工的精细化,以及服务质量的精细化对现代管理的必然要求,是建立在常规管理的基础上,并将常规管理引向深入的基本思想和管理模式，是一种以最大限度地减少管理所占用的资源和降低管理成本为主要目标的管理方式。

据了解，欧洲生产的鸡蛋都是有"身份证号"的，如1-DE-4315402，这一大串字母都代表什么呢？其中，第一个数字，如果是"0"表示绿色鸡蛋，"1"表示露天饲养场放养的母鸡下的蛋，"2"表示圈养的母鸡下的蛋，"3"则说明这是在笼子里饲养的生长环境最差的母鸡下的蛋；两个英文字母是鸡蛋出产国的标志，DE代表德国；第三部分数字是产蛋母鸡所在的养鸡场、鸡舍或鸡笼的编号。

食品生产精细到这种程度，顾客还用担心食品安全的问题吗？

实体店精细化管理就是落实管理责任，将管理责任具体化、明确化，它要求店里的每一个员工都要到位、尽职。第一次就把工作做到位，工作要日清日结，每天都要对当天的情况进行检查，发现问题及时纠正、及时处理等。精细化管理的操作特征，可以用精、准、细、严四个字来概括。

◆ 精：是做精，精益求精，追求最好。不仅把产品做精，也要把服务和管理工作做到极致，挑战极限。

◆准：是准确的信息与决策，准确的数据与计量，准确的时间衔接和正确的工作方法。

◆细：操作细化、管理细化，特别是执行细化。

◆严：是严格控制偏差，严格执行标准和制度。

通过充分运用商家的各种资源，强化协作，提高执行力，从而降低成本、费用，提高店铺的运作效率和经营效益。

精细化管理是实体店向"小而美"方向蜕变的必由之路，通过精细化管理，方可更好做到"小而精、小而优、小而美、小而强"。

走精益化零售之路

刘强东曾经将零售分为四种业态，如图11.1所示。

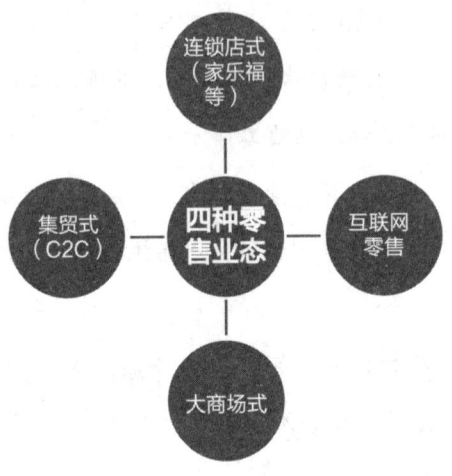

图 11.1　零售的四种业态

在刘强东看来,以上四种零售模式是不断更替的。促使这种更替的,除了不断提升顾客体验,还有一个重要原因在于零售业态背后的运营成本和运营效率。

高效率低成本的零售业态将会取代低效率高成本的业态。

第一,传统集贸式零售业态的运营效率较低,平均的库存周转天数长,且成本较高,经过"全国总经销商、省经级销商、市级经销商、县级经销商到批发商"层层加价,最后,顾客要为此付出额外

30%～50%的成本。

第二,大商场式业态,通常也需要25%～35%的渠道成本,需要50～70天的周转天数。

第三,连锁店式零售业态,能够将渠道费用维持在20%以内,能把库存周转天数控制在60天左右,因此,竞争力更强。

京东的成本和效率管控又是什么水准呢?

刘强东曾在2016年北京"互联网+"峰会上,给出答案——

京东电商的成本费用率从来没有超过12%,你在财报上看到我们的费用率可能是14%,因为有"京东到家",有很多其他成本放到一块了,纯粹看电商,我们的费用率只有12%左右,第一次把整个渠道的成本降到了12%以内。我们库存周转天数只有30多天,我们库存管理了200万种的产品,传统零售库存管理只有5万种,最多没有超过15万种,沃尔玛全球的产品总数只有15万种,但是京东管理着超过200万种的库存产品,全国200个库房,我们依然能把周转天数控制在40天以内,30天左右。

从成本和效率数据上看,京东已经优于其他传统零售业态。传统实体零售业态虽不至于像刘强东讲的那样会被颠覆、被彻底取代,但来自电商的威胁是显而易见的。

实体零售如何避免遭受电商的"降维打击"(指放下身段,深入传统行业,用互联网来重构传统行业)呢?

当务之急是走出一条"低成本、高效率"的精益零售之路。

第一,降低成本,可有效提高利润率,也可为让利顾客留下空间。德国阿尔迪超市的扩张就是明证,优衣库和名创优品在线下大举扩张开店也是得益于成本控制。

在保证一定品质的基础上,谁能把价格降下来,谁就能赢得顾客青睐,占领市场。

第二,提高效率。提高效率同降低成本,是一对因果关系,店铺运营效率的提升,必然对应着成本的下降。

比如:国内经济型酒店品牌华住集团,和FaceUI(国内一家专注于手机系统、App应用、智能家居等移动领域的UI设计公司,公司坚持以用户体验为核心)联手开发了酒店自助入住系统,顾客借助App就可在用户端实现自助选房、预约发票、0秒退房等,将办理入住时间从原先的 3 分钟缩短至 30 秒，大大提升了工作效率，减少了顾客的等待时间，变向提升了顾客满意度。

再比如，对于实体餐饮店而言，衡量餐厅运营效率和利润率的一个关键指标是翻台率，翻台率越高，餐厅运营效率越高，利润也就越高。

星巴克咖啡店的翻台率很高，除了品牌认知因素，星巴克还采取了一些"人为因素"，来提升翻台率。

首先，星巴克店内的座椅，不论是木凳还是无扶手沙发，坐久了顾客都会感觉不舒服。星巴克此举，正是为了减少顾客留店时间，为后来的顾客腾出空间。其次，星巴克还另有一些赶人的"坏招数"，比如，在店内人流量爆棚时，通过开大音乐量、加大冷气的方式，给顾客制造不舒服，顾客不舒服了自然就会走。

掌控产业链话语权

山东是全国主要的蔬菜产区，2016 年，山东蔬菜大丰收，可收购价太低，很多菜农落了个血本无归的下场。别看蔬菜的收购价便宜，进入市场后的售价却不低，如今的菜市场上已经鲜见一元以下的蔬菜。

一对来自济南郊区农村的夫妇，在市区贩菜、卖菜，刚开始推着三轮车摆地摊卖菜，有条件后进了农贸市场租个了摊位，再后来有了一定的资金积累，又租了一个门面房，专卖蔬菜水果，几年下来，夫妻二人居然在济南买了一套价值七十多万元的二手商品房。

同样是和蔬菜沾边的农民，为何一方走向了绝路，另一方利润丰厚，还挣到了一套商品房？

著名战略学家迈克尔·波特教授在其价值链分析模型中强调，产业链的不同阶段增值空间存在很大差异，维持上下游竞争优势对构建企业核心竞争力意义重大。

宏碁集团创办人施振荣先生曾提出一个有名的"微笑曲线"理论。为什么叫"微笑曲线"，因它是呈微笑嘴形的一条曲线（见图11.2）。在产业链中，附加值更多体现在两端的设计和销售环节，处于中间环节的制造，附加值最低。

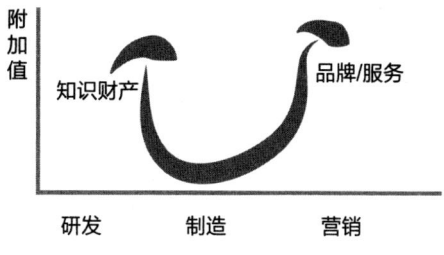

图 11.2 微笑曲线

显而易见,菜贩处于微笑曲线的右端,利润空间较大;而菜农则位于微笑曲线的谷底,最没有话语权和定价权,只能赚取微薄的利润,甚至亏损、入不敷出。

按理说,实体店是直接面对顾客的销售终端,处于微笑曲线的营销、销售环节,处于相对有利位置。不过,当所有竞争对手都处于同一起跑线时,这种优势将不再是优势。

如何打造更有利的产业链环境,是实体零售业者同样要去考虑的一个问题。具体可通过以下两种方式去优化产业链布局——

掌控上游产业链

迪卡侬是一家来自法国的体育用品零售商。在电商冲击、竞争对手频频收缩战线、关停门店的背景下，迪卡侬却实现了逆势增长。2017年2月，迪卡侬集团发布2016年全球财报。财报显示，迪卡侬集团2016年全球营收超100亿欧元（约合750亿元人民币），同比增长12%。大本营法国以外的国际市场占集团业务的67%，中国持续处于最重要海外市场的地位。

同好市多一样，迪卡侬的核心竞争力也体现在产品的高性价比上，这得益于迪卡侬的全产业链布局。迪卡侬构建了包括采购、设计、生产、品牌、物流、零售等在内的完整的体育用品产业链，剔除了一切中间环节，将产品质量和成本的控制权牢牢把控在手中。

迪卡侬拥有20多个自有品牌，生产基地遍布摩洛哥、土耳其、中国等成本相对低廉的国家和地区。

首先，迪卡侬通过优化产业链，掌控设计、零售等高附加值的环节；其次，对于生产等低附加值环节则通过"全球布局"思维，根据不同地域劳动力成本、汇率、安全等情况对生产随时做出调整。

这一模式一直沿袭至今，确保了迪卡侬的竞争优势和成长力。

2016年,迪卡侬全球新开门店164家,其中中国市场新开40家。截至2016年12月31日,中国市场共布局门店214家(其中台湾地区9家),仅次于拥有40年历史的法国市场,位于集团第二位。

提升产业链话语权

对于中小商家而言,直接涉及上游产业不太现实,但可以通过运作,在小范围内实现有限度的产业链话语权,改善生存环境。

同迪卡侬直接进军上游产业链不同,宜家对上游重点放在了"把控"上,仅仅抓住产品设计和销售这两个处于微笑曲线两端、利润回报最大的环节,其余利润回报较低的环节基本采用外包方式,以此完成产业链的协同。

为了降低采购成本,宜家在全球设有30多个代表处,它们在全球范围内不断搜罗供货商,通过规模优势和谈判优势与供货商博弈,采取评分竞标的方式筛选供货商,使得供货商不得不降低价格赢取订单。

另外,为了避免受制于供货商,宜家对产品都有设计专利，只是委托供货商生产，这是宜家能够控制供货商的另一件法宝。

科学筛选供货商

选择供货商需要慎重，对于刚开业不久的实体店来说更是如此。慎重选择供货商不但可以避免经济上的浪费和损失，更是与之建立长期稳定合作关系的前提。

第一，初选供货商。初选供货商，要找出三家以上有代表性的供货商，进行综合考察。在考察中要重点了解供货商的实力、专业化程度、货物来源、价格、质量及目前的供货状况，并划定出初选的范围。

第二，试用供货商。对于同类商品，找出两家同时供货，重点从质量、价格、服务三方面进行比较，在为期一个月左右的试用期中，记录供货商表现，以确定最终选择。

第三，确定供货商。在试用的基础上，由店长（经理）、财务人员、采购人员组成审查小组，以民主表决的方式集中投票来确定一家供货商。

第四，签订供货合同。确定供货商后，由店长

（经理）与供货商签订供货合同，合同期限一般不超过一年。

第五，供货商的更换与续用。在合作的过程中，如发现供货商有不履行合同的行为，在合同期满前，由审查小组集中讨论决定是否更换、续用。

店铺租赁关系管理

实体店商户租用商铺，在多年经营后，会在一定地域范围内形成商业影响力，这种商业影响力无疑是一种无形资产，如果撤店变更地址，这种无形资产和影响力就会归零。

在店铺经营良好的情况下，承租人最担心的一件事莫过于，房东以各种缘由将商铺收回。

为了规避可能出现的这种风险，需要提前做出安排。

签署长期租赁合同

麦当劳的店铺选址标准中有这样一条约定——租期至少 10 年以上。

麦当劳筹划进入日本市场时，总裁雷·克洛克曾问日本分公司总经理藤田："你是打算先租赁店铺，还是先招加盟商呢？"

藤田说："当然是先招加盟商啦，如果凑巧他们有自己的商铺，我们会省去很多麻烦。"

克洛克听后连连摇头，说："你要先去租店铺，再招加盟商。"

一个月后，藤田找到了店铺。克洛克问："东京的房租难道这么低吗？10 年房租竟然只要 20 万美元（约 138 万元人民币）？"

"10 年？不，不，这只是 3 年的租金呀，我打算跟房东签 3 年的租赁合同。"

克洛克又连连摆手："你要跟房东签 10 年的合同，而且要一次性付清全部租金。"

藤田不解，反驳说："一次性付 10 年的租金，这太不划算了。"

克洛克笑着解释道:"一次性支付10年租金,房东就不会再吵着要涨房租了,这样,加盟商也就离不开我们,无法另起炉灶了。"

藤田点点头:"这样的话,加盟商就是想背叛我们也不行。"

"是的,如果他们不按约定交加盟费,我们就可以将他们赶走,然后再招一个,反正顾客已经习惯了这里,谁是加盟商对他们来说都一样。"克洛克说。

藤田找到房东,一次性支付了10年的房租。

周期长的租赁合同,能够有效避免房东漫天涨价,同时也能稳扎稳打,让店铺扎下根来,使无形资产不断增值。

寻找拥有共同经营心态的房东

日本的实体商业很成熟,竞争力非常强,电商对其基本上形不成冲击。其中一个重要因素就在于,日本人招商不是做房东的心态,而是共同经营的心态。

举个简单的例子,中国有些商铺、商场从设计到开业,周期非常短,往往只有半年的时间,甚至在开业前一夜，还有大量施工人员在现场突击，赶进度。

而日本东京的六本木商业区，精心打磨了整整15年，才正式开业。他们从商户需求出发、从顾客需求出发，悉心研磨，打造出来的商业项目，更加人性化，贴近生活，贴近商业的本质。

在国内商业大环境中，找到具有共同经营心态的房东，比较困难。商家在选择店铺位置的一个基本的原则是，优先选择单位房东而非个体房东，对于个体房东，则要擦亮眼睛。

签订正式完整的租赁合同

租赁合同是保障承租人利益的重要凭证。除了常规合同条款，还需要注意以下内容的约定。

第一，装修补偿问题。商铺租赁后，承租人通常会根据经营需要对店铺进行装修，租赁协议期满或提前终止时的装修折旧与补偿方式一定要约定清楚。如因承租人违约导致租赁提前终止时，承租人无权要求出租人给予装修补偿。如因出租人的原因而导致租赁提前终止时，则出租人应做出补偿，并约定补偿标准和补偿形式。

第二，拆迁补偿问题。拆迁补偿仅针对房屋所有权人，也就是说，一旦承租的店面被征收，租赁合同将无法继续履行，而承租人是得不到补偿的。因此，承租人必须与出租人对发生征收补偿时如何处理双方的关系做出约定，双方应约定对承租人的损失进行价值补偿，补偿的范围包括预期经营利益的损失、装修折旧损失、搬迁费用等，补偿标准要做到具体化、数值化，以便于后期操作。

第三，优先承租问题。租赁合同到期，经营良好的店主往往希望继续承租。因此，应在合同条款中约定相应条款，保障自己的优先承租权，这里有两个要点——

◆明确什么是"出租人继续出租"，比如出租人要收回店铺自用，那么自用的期限就可以加以限制，比如至少自用1年，否则视为出租人违约，应承担一定数额的违约赔偿责任。这样可以防止出租人以收回房屋自用的名义，停止出租。

◆约定什么是"同等条件"，如租金上下不超过10%就算同等条件，比如原租金是10000元，其他人员出的价格只要不超过11000元，承租人就有权以10000元继续承租，这样可以防止侵害优先承租权的情形出现。

  实体店经营是一个长期且复杂的过程，尤其在体验经济时代，想要在红海中杀出一片蓝海，需要实体店经营者付出更多的时间和精力，与时俱进，并结合自身店铺的特点，调整经营战略，找到最适合的经营之路。